AVISOS Y REGLAS CRISTIANAS

PARA LOS QUE DESEAN SERVIR A DIOS,
APROVECHANDO EN EL CAMINO ESPIRITUAL.
COMPUESTAS POR EL MAESTRO ÁVILA SOBRE
AQUEL VERSO DE DAVID: AUDI, FILIA, ET VIDE, ET
INCLINA AUREM TUAM

SAN JUAN DE ÁVILA

ALICIA EDITIONS

ÍNDICE

PRELIMINARES

Al muy ilustre señor don Luis Puerto Carrero, conde de Palma, el maestro Ávila	3
Luis Gutiérrez, librero, al devoto lector	5
Breve regla de vida cristiana compuesta por el reverendo padre maestro Ávila	6
Audi, filia, et vide, et inclina aurem tuam, et obliviscere populum tuum et domum patris tui. Et concupiscet rex decorem tuum	10

I. AUDI, FILIA

Parte I
A QUIÉN NO DEBEMOS OÍR

1. Lenguaje del mundo y honra vana	15
2. El lenguaje de la carne	17
3. Lenguaje del demonio	28

Parte II
A QUIÉN DEBEMOS OÍR

1. Palabra primera. De cómo hemos de oír a solo Dios	49
2. Este oír es por la fe	51

II. ET VIDE

Parte I
Con los ojos del cuerpo — 57

Parte II
CON LOS OJOS DEL ÁNIMO

1. Del proprio conocimiento   61
2. Del poco conocimiento de sí mismo y del verdadero, de Jesucristo   83
3. Con que ojos hemos de mirar los prójimos   99

III. ET INCLINA AUREM TUAM

Parte I
Positivamente   107

Parte II
NEGATIVAMENTE

1. Malas revelaciones del demonio   113
2. Avisos de discreción de espíritus aviso primero para conocer las revelaciones   120
3. La soberbia, causa de engaños. El director espiritual   124

Parte III
EL SEÑOR NOS DA EJEMPLO

1. Cómo ninguna criatura oye ni inclina su oreja a Dios con tanta diligencia como Él la inclina a sus criaturas   133
2. La mirada de Dios sobre nosotros   143

IV. Et Obliviscere populum tuum   149
V. Et Domum patris tui   159
VI. Et concupiscet rex decorem tuum   163

PRELIMINARES

AL MUY ILUSTRE SEÑOR DON LUIS PUERTO CARRERO, CONDE DE PALMA, EL MAESTRO ÁVILA

La causa, muy ilustre señor, porque, siéndome por Vuestra Señoría mandado muchas veces por palabras y cartas que imprimiese el presente tratado, no lo he hecho, no ha sido por falta de voluntad de obedecerle y servirle, como creo que de mí tiene conocido, mas haber temido de mi insuficiencia que, imprimiendo el libro con intención de aprovechar a los que le leyesen, se les tornase impedimento de leer otros muchos, de los cuales mayor erudición y santo calor pudiesen sacar. Y con pensar esto, me he estado hasta ahora y me estuviera de aquí adelante en lo que toca a la impresión de este libro, sino que los días pasados vino a mis manos, y, leyendo en él, vilo trastrocado, borrado y al revés del como yo le escribí: que, siendo por mí compuesto, yo mismo no le entendía. Y parecióme que ya que no se perdiese mucho en estar tan depravado que ninguno pudiese aprovecharse de él, mas no era cosa de sufrir que sacasen daño de él, por las muchas mentiras peligrosas que en él había, y cada día acaecieran más, porque cada uno que trasladaba añadía errores a los pasados. Lo cual visto, quise tornar a trabajarlo de nuevo e imprimirlo, para avisar a los que tenían los otros traslados llenos de mentiras de manos de ignorantes escriptores, no les den crédito, mas los rompan luego; y, en lugar de ellos, puedan leer éste de molde y verdadero. Y lo que primero iba brevemente dicho y casi por señas (porque la persona a quien se escribió era muy enseñada y en pocas palabras entendía mucho), ahora, pues, para todos, va copiosa y llanamente declarado, para que cualquiera, por principiante que sea, lo pueda fácilmente entender.

El intento del libro es dar algunas enseñanzas y reglas cristianas, para que las personas que comienzan a servir a Dios, por su gracia sepan efectuar su deseo. Y estas reglas quise más que fuesen seguras que altas, porque, según la soberbia de nuestro tiempo, de esto me pareció haber más necesidad. Danse primero algunos avisos, con que nos defendamos de nuestros especiales enemigos, y después gástase lo demás en dar camino para ejercitarnos en el conocimiento de nuestra miseria y poquedad, y en el conocimiento de nuestro bien y remedio, que está en Jesucristo. Las cuales dos cosas son las que en esta vida más provechosa y seguramente podemos pensar.

Reciba, pues, Vuestra Señoría, el presente tratado, a él por muchas partes justísimamente debido, porque el amor entrañable y dulce benignidad con que su generoso corazón sé que lo ha de recebir, y el mucho provecho que por la bondad de Dios espero que de la lección de él ha de sacar, y el tan perseverante deseo con que siempre me ha puesto espuelas para lo imprimir, lo han hecho tan suyo, que sería gravísimo hierro quererlo hurtar.

Plega a Cristo hable a Vuestra Señoría en él, y le dé fuerzas para que oya y obre lo ansí hablado, para que los buenos principios que, por su gracia, en Vuestra Señoría ha puesto, vayan continuamente adelante, hasta que sean colmados en la eternidad de la gloria. *Amén.*

LUIS GUTIÉRREZ, LIBRERO, AL DEVOTO LECTOR

Estoy tan confiado, devoto lector, que ha de agradar y aprovechar muy mucho esta obra a quien con buen deseo y ánimo afectuoso en las cosas de Dios la leyere, que me pareció, presupuesta la voluntad de su autor, que hacía yo algún servicio a nuestro Señor, y ayuda a mis prójimos, en hacer imprimir obra tan espiritual y tan excelente, y de muchos y muy grandes juicios muy estimada. Que, cierto, yo no me fiara en esta parte del mío, si no viera a muchos hombres muy sabios y muy espirituales tener en tanto las obras de un tan santo varón, como es el padre Ávila, que no hay ninguno de ellos que no las haya hecho trasladar para tenerlas, siendo ellos tales que podían escribir otras muchas; y porque espero en Nuestro Señor que de esta obra así pública se ha de seguir muy mucho servicio suyo.

Espero también en su misericordia que me dará gracia para que haga imprimir otras del mismo autor y de otros hombres espirituales, que puedan servir para los mismos efectos.

BREVE REGLA DE VIDA CRISTIANA COMPUESTA POR EL REVERENDO PADRE MAESTRO ÁVILA

Lo primero que debe hacer el que desea agradar a nuestro Señor, es tener dos ratos buenos entre día y noche diputados para oración. El de la mañana, para pensar en el misterio de la pasión; y el de la noche, para acordarse de la muerte, considerando muy despacio y con mucha atención, cómo se ha de acabar esta vida y cómo ha de dar cuenta de la más chica palabra ociosa que hobiere hablado, con otras cosas semejantes. Y así cumplirá el consejo de la santa Escritura que dice: *Acuérdate de tus postrimerías, y no pecarás jamás.*

Lo segundo sea que trabaje por traer siempre su memoria en algun buen pensamiento, porque el demonio le halle siempre ocupado, y ande siempre con una memoria que Dios le mira, trabajando de andar siempre compuesto con reverencia delante tan gran Señor, gozándose de que su Majestad sea en sí mismo tan lleno de gloria como es. De esta manera le traían presente aquellos padres del Testamento Viejo, los cuales juraban diciendo: *Vive el Señor delante de quien estoy.* Por do parece que traían consigo esta memoria. Y es mucha razón que así la traya él, pues trae consigo un ángel que está siempre delante de Dios, cuya Majestad hinche todo lo criado; diciendo el mismo Dios: *Yo hincho el cielo y la tierra.* Y pues en todo lugar está Dios tan poderoso y tan sabio y tan glorioso como en el cielo, en todo lugar es razón que nuestra alma le adore, para que ninguna criatura nos mueva a ofenderle.

El tercero sea que trabaje de confesar y comulgar a menudo, por imitar aquel santo tiempo de la primitiva Iglesia, cuando comulgaban de ocho a ocho días los fieles. De cuya memoria quedó agora el pan bendito que dan a los domingos con la paz, para que, cuando vea sacar aquel pan, se acuerde que la frialdad nuestra causó que se diese aquel pan bendito, y no el mismo Santísimo Sacramento, como antes daban, según parece por muchas historias.

El cuarto documento sea que asiente en su corazón muy fijo que si al cielo quiere ir, que ha de pasar muchos trabajos, y que ha de ser escarnecido y perseguido de muchos, conforme a aquel dicho de nuestro Redentor: *Si a mí persiguieron, a vosotros perseguirán*; para que, estando así armado, no le aparten de sus buenos ejercicios las malas lenguas, ni los contrarios que dondequiera ha de hallar; sino, como hombre que ya lo sabe, no se le haga nueva una cosa tan cierta a todos los que sirven a Dios, sino mire a Cristo nuestro Redentor y a todos los santos que fueron por aquí, y baje la cabeza sin alboroto ninguno, dejando los perros que ladren cuanto quisieren.

Sea el quinto, que ponga siempre sus ojos en sus faltas, y deje de mirar las ajenas, conforme aquel dicho de nuestro Señor: *Hipócrita, ¿por qué miras la paja en el ojo de tu hermano, y no consideras tú la viga que tienes atravesada en el tuyo?* No tenga cuenta más de con sus propios defectos, y si algo viere en el prójimo digno de reprehensión, no se indigne contra él, sino compadézcase de él, porque la santidad verdadera, dice San Gregorio que es compadecerse de los pecados, y la falsa, indignarse contra ellos. Si son personas que tomarán su corrección, corríjales caritativamente conociéndose por hombre de la misma masa de Adán, y si no lo son, vuélvase a Dios, suplicándole que los remedie, y dándole gracias porque ha guardado a él de pecado semejante; hallándose muy obligado a servir al Señor, que de este mal le libró, en el cual él también cayera, si el Señor no le guardara.

Sea el sexto, que trabaje lo más que pudiere por hacer alguna caridad cada día a algún prójimo, acordándose de aquella sentencia del Redemptor que dice: *En esto conocerán todos si sois mis discípulos, si os amáredes unos a otros.* Y conforme a esto debe también tener memoria cada día de rogar a Dios por la Iglesia, que con tanta costa redimió.

Sea el séptimo, que pida siempre a Dios perseverancia, acordándose del dicho de nuestro Redemptor, que *el que perseverare hasta el fin será salvo.* Y así ponga sus ojos en la muerte, teniendo delante que si hasta allí no durare en la virtud, que todo lo que hiciere se perderá. Y así quite siempre los ojos del bien que hiciere, y póngalos en lo que le quedaba por hacer, para que lo hecho no le ensoberbezca, y lo por hacer le ponga humildad y cuidado de pedir a Dios gracia para cumplirlo. Y tema siempre no sea él uno de aquellos que dijo el Salvador que se habían de resfriar en la caridad, porque había de abundar la malicia; como vemos que muchos hacen, que la mucha maldad que ven por ese mundo en tanta abundancia, les es ocasión de dejar los buenos ejercicios que comenzaron, y saliéndose de Sodoma, como la mujer de Lot, por tornar la cabeza atrás, se quedan hechos estatuas de sal, su alma endurecida para el bien, y sabrosa y apetitosa para el mal.

Sea el octavo, que en todas su obras busque la gloria de Dios, y no su consuelo ni su provecho, para que, aunque se halle seca su alma y desconsolada, no por eso deje sus santos ejercicios, con que Dios se glorifica y se sirve. Y así ordene cuanto hiciere a que Dios sea glorificado, conforme al consejo de san Pablo que dice: *Ahora comáis o bebáis o hagáis otra cualquier cosa, todo lo haced para la gloria de Dios*. Y pues las obras naturales, como el comer y beber, dice el Apóstol que se hagan para gloria de Dios, mucha más razón es que se haga la oración y lo demás. Y así, pretendiendo sólo esto, no le desconsolará mucho la sequedad que a muchos desconsuela, y hace aflojar en el servicio de Dios, habiendo de ser entonces más diligentes en la guarda de sí mismos, y más solícitos en escudriñar si han hecho algún pecado por el cual el Señor los dejase así desconsolados, y proveer en esto con diligencia, pues las más veces nace el tal desconsuelo de soberbia o murmuración o pláticas vanas, que, aunque parecen pequeña culpa, todavía desconsuelan el alma.

Sea el nono, que huiga muy de raíz toda compañía que no le trajere provecho, porque de ella sale todo el mal que a nuestra ánima lastima. Porque, como dice el Profeta, *la garganta de los malos es como una sepultura abierta*, de donde siempre salen hedores de muerte. Y por esto siempre debe huir la compañía de los tales, porque, si en ello mira, nunca hablan sino palabras conformes a la muerte que sus ánimas dentro de sí tienen, y a mejor librar, cuando las palabras son cuerdas al parecer de ellos, entonces son nocivas al prójimo, diciendo mal y murmurando. Lo cual debe él con gran cuidado huir, reprehendiéndolo, si es persona que aprovechará, y si no, mostrándole un semblante triste, porque dice san Bernardo que dubda cuál peca más, el que murmura o el que oye de buena gana murmurar. Debe luego, por no caer en este pecado, mostrar mala cara y no oír al murmurador, porque, viendo su semblante, cesará su murmuración, porque, como dice san Hierónimo, pocas veces uno murmura, cuando ve que el oyente oye de mala gana.

El décimo y último sea que de tal manera obre bien, que ponga sus ojos y confianza en los merecimientos de Jesucristo, no mirando a lo que hace, sino a la muerte y pasión del Redentor, porque sin él todo es poco lo que hacemos. Quiero decir, que el valor de nuestras obras nace de los merecimientos de Jesucristo, y de la gracia que por él se nos da. Así debe lanzar toda soberbia y vanagloria de su corazón, por muchas obras buenas que le parecía hacer, porque, si bien mira en ello, hallará que por la mayor parte todo cuanto hace va mezclado de mil imperfecciones, por donde más tenemos por qué pedir perdón al Señor por la mala manera de obrar, que por donde esperar galardón por la substancia de las obras. Porque mirando su Majestad, delante cuyo acatamiento tiemblan los serafines, van nuestras obras tan tibias, tan sin reverencia, y con tanta mezcla de imperfecciones, que está muy claro acetarlas Dios por el amor de su unigénito Hijo. Y así, quitada toda liviandad de corazón, acabada la buena obra, preséntese delante de Dios, pidiéndole perdón del desacato y poca reverencia con que la hizo, y ofrezca a Jesucristo al Eterno Padre, confiado que por amor de aquel Señor, el Padre Eterno acetará aquella obra con que le hobiere servido. De esta manera vivirá humilde y confiado, porque el verdadero camino para el cielo dice un dotor que es obrar bien, y no presumir de sí, sino poner su confianza en Cristo.

AUDI, FILIA, ET VIDE, ET INCLINA AUREM TUAM, ET OBLIVISCERE POPULUM TUUM ET DOMUM PATRIS TUI. ET CONCUPISCET REX DECOREM TUUM

Oye, hija, y ve, e inclina tu oreja, y olvida tu pueblo y la casa de tu padre. Y cobdiciará el rey tu hermosura.

Estas palabras, devota esposa de Jesucristo, dice el profeta David, o, por mejor decir, Dios en él, a la Iglesia cristiana, amonestándola de lo que ha de hacer para que el gran rey Jesucristo la ame, de lo cual a ella se le siguen todos los bienes. Y porque vuestra ánima es una de las de esta Iglesia, por la grande misericordia de Dios, parecióme escrebíroslas y declarároslas, invocando primero el favor del Espíritu Santo, para que rija mi péñola y apareje vuestro corazón, para que ni yo la hable mal, ni vos oyáis sin fruto; mas lo uno y lo otro sea a perpetua honra de Dios, y aplacimiento de su santa voluntad.

I. AUDI, FILIA

Lo primero que nos es amonestado en estas palabras es que *oyamos*. Y es la causa, porque, como todo el fundamento de la vida espiritual sea *la fe*, y ésta entre en la ánima por el instrumento de la voz, *mediante el oír*, razón es que seamos amonestados primero de lo que primero nos conviene hacer; porque muy poco aprovecha que suene la voz de la verdad divina en lo de fuera, si no hay orejas que la quieran oír en lo de dentro, ni nos basta que, cuando fuimos baptizados, nos metiese los dedos el sacerdote en los oídos, diciendo que fuesen abiertos, si los tenemos cerrados a la palabra de Dios, cumpliéndose de nosotros lo que de los ídolos dice el profeta: *Ojos tienen y no ven, orejas tienen y no oyen.*

A las palabras que algunos hablan tan mal, que oírlos es oír sirenas, que matan a sus oyentes, es bien que veamos a quién tenemos de oír. Para lo cual es de notar que Adán y Eva, cuando fueron criados, un solo lenguaje hablaban, y aquél duró en el mundo hasta que la soberbia de los hombres, que quisieron edificar la torre de la confusión, fue castigada, con que, en lugar de un lenguaje con que todos se entendían, sucediese muchedumbres de lenguajes, con los cuales no se entendiesen unos a otros. En lo cual se nos da a entender que nuestros primeros padres, antes que se levantasen contra el que los crió, quebrantando su mandamiento con mala soberbia, un solo lenguaje espiritual hablaban en su ánima, el cual era una perfecta concordia que tenían uno con otro, y cada uno en sí mismo, y con Dios, viviendo en el quieto y pacífico estado de la inocencia. Mas, como edificaron torre de soberbia, ensalzándose contra el Señor de los cielos, fueron castigados, y nosotros en ellos, en que, en lugar de un lenguaje, y con que bien se entendían, sucedan otros muy malos e innumerables, que nos molestan con su fatiga y no nos entendemos con ellos, con su gran confusión y tiniebla. Y aunque ellos en sí no tengan orden en su hablar, recojámoslos, para hablar de ellos, al número de tres, que son lenguaje de *mundo y carne y diablo*.

I

A QUIÉN NO DEBEMOS OÍR

Tres lenguajes en el pecador. El primero es de cosas vanas; el segundo, de cosas muelles; el tercero, de cosas malas y amargas

1. LENGUAJE DEL MUNDO Y HONRA VANA

Al lenguaje del *mundo* no le hemos de oír, porque es todo mentiras, y muy perjudiciales a quien las cree, haciéndole que no siga la verdad que es, sino la mentira que tiene apariencia y se usa. E así engañado echa atrás sus espaldas a Dios y a su santo agradamiento, y ordena su vida por el ciego norte del aplacimiento del mundo. Semejante a los soberbios romanos, que por la honra mundana deseaban vivir y por ella no temían morir. Y así, hecho el hombre esclavo de la vanidad, pierde la amistad del Señor, cumpliéndose lo que Santiago dice: El *amistad de este mundo enemistad es con Dios. Y si alguno quisiere ser amigo del mundo, constituido es enemigo de Dios.*

Mas mirad que el mundo malo, a quien no hemos de oír, no es este mundo que vemos y que Dios creó, mas es la ceguedad y maldad y vanidad, que los hombres apartados de Dios inventaron, rigiéndose por su parecer y no por la lumbre y gracia de Dios, siguiendo su voluntad propria y no sujetándose a la de su Criador; y poniendo su amor en las honras y deleites y bienes presentes, siéndoles dados no para pegarse al corazón en ellos, mas para usar de ellos recibiéndolos y sirviendo con ellos al Señor que los dio. Éstos son los mundanos tan miserables que de ellos dice Cristo nuestro Señor: *El mundo no puede recebir el espíritu de la verdad*, porque, si este corazón malo y vano no echa de sí, no podrá recebir la verdad del Señor. Porque es tan grande la contrariedad que hay del uno al otro, que quien de Cristo y de su espíritu quisiere ser, es necesario que no sea del mundo; y quien del mundo quisiere ser, a Cristo ha perdido. Y pues cualquier hombre bueno debe aborrecer el hablar mentidas y oírlas aunque sea sin perjuicio ajeno o suyo, ¡cuánto deben ser aborrecidas aquellas que llegan hasta privar al hombre de la virtud y verdad, y desnudarle de la rica joya de la amistad del Señor! Y también porque, después que el mundo despreció al bendito Hijo de Dios, que es eterna Verdad, no hay por qué cristiano ninguno le crea, mas antes viendo que fue engañado, no conociendo una tan clara luz, aquello repruebe que el mundo aprueba, y aquello ame que el mundo aborrece, huyendo con mucho cuidado de ser preciado de aquel que a su Señor despreció, y teniendo por cierta señal [de] ser amado de Cristo, ser despreciado del mundo.

Remedios

Y si el tropel de la humana mentira quisiere cegar o hacer desmayar al caballero cristiano, alce sus ojos a su Señor, y pídale fuerzas, y oya sus palabras que dicen así: *Confiad, que yo vencí al mundo.* Como si dijese: «Antes que yo acá viniese, cosa muy recia era tornarse contra este mundo engañoso y desechar lo que en él florece, abrazar lo que él desecha; mas, después que contra mí puso todas sus fuerzas, inventando nuevos géneros de tormentos y deshonras, los cuales yo sufrí sin volverles el rostro, ya no sólo pareció flaco, pues encontró quien pudo más sufrir que él perseguir, mas aún queda vencido para vuestro provecho, pues, con mi ejemplo que os di y mi fortaleza que os gané, ligeramente lo podréis vencer, sobrepujar y hollar». Pues mire el cristiano que como los que son del mundo no tienen orejas para escuchar la verdad de Dios, antes la desprecian, así el que es del bando de Cristo no las ha de tener para escuchar las mentiras del mundo, ni curar de ellas, porque ahora halague ahora persiga, ahora prometa ahora amenace, ahora espante ahora parezca blando, en todo se engaña y quiere engañar. Y en tal posesión le debemos tener, pues en tantas mentiras lo hemos tomado que, las medias que un hombre dijese, en ninguna cosa nos fiaríamos de él, ni aún en las verdades no le daríamos crédito.

2. EL LENGUAJE DE LA CARNE

La *carne* habla regalos y deleites, unas veces claramente, y otras debajo de título de necesidad. Y la guerra de esta enemiga, allende de ser muy enojosa, es más peligrosa, porque combate con deleites, que son armas más fuertes que otras. Lo cual parece en que muchos han sido de deleites vencidos, que no lo fueron por riquezas ni honras ni recios tormentos, y según sentencia del Salvador, los *enemigos del hombre son los de su casa*. ¡Cuán de verdad es nuestra enemiga la carne, pues que, de dos partes que nos constituyen, la una es ella! Por tanto, quien de esta batalla quisiere salir vencedor, de muchas y muy fuertes armas le conviene ir armado, porque la preciosa joya de la castidad no se da a todos, mas a los que con muchos sudores de importunas oraciones la alcanzan de nuestro Señor, el cual quiso ser *envuelto en sábana* de lienzo limpia, para reposar en el sepulcro; a dar a entender que, como el lienzo pasa por muchas asperezas para venir a ser blanco, así el varón que desea alcanzar o conservar el bien de la castidad, y aposentar a Cristo en sí, como en otro sepulcro, conviene con mucha costa y trabajos ganar esta limpieza, la cual es tan rica que, por mucho que cueste, siempre cuesta barata.

Remedios

a) CASTIGAR LA CARNE

Debe pues el tal hombre, especialmente si se siente tentado de la carne, primeramente tratar con aspereza su carne, en cuanto le fuere posible, sin muy gran daño de su salud. Que, aunque la carne padezca alguna flaqueza por apagar las tentaciones, más vale, como dice San Hierónimo, que te duela el estómago que no el ánima, y mejor que mandes al cuerpo que no que le sirvas; y más provechoso es que tiemblen las piernas de flaqueza, que no que vacile la castidad. El siervo de Cristo que sintiere a su carne rebelde, debe quitarle la cebada y trabajarla con carga. Como San Hilario decía a su propia carne: Yo te domaré, y haré que no tires coces, sino que pienses antes en comer que no en retozar. Y pues San Pablo, *vaso de escogimiento*, no se fía de su carne, mas dice que *la castiga, y la hace servir, porque, predicando él a los otros, no sea hallado malo*, cayendo en algún pecado, ¿cómo pensaremos nosotros que seremos castos sin trabajar nuestro cuerpo, pues tenemos menos virtud que él y mayores causas para temer? Muy mal se guarda humildad entre honras, y temperanza entre la abundancia, y castidad entre regalos; y sería digno de escarnio quien quisiese apagar el fuego que arde en su casa y él mismo le echase leña muy seca. Muy más digno de escarnio es quien por una parte desea la castidad, y por otra hinche de manjares y regalos su carne y se da a la ociosidad, porque estas cosas no sólo no apagan el fuego encendido, mas bastan a encenderlo en quien muy apagado le tuviese. Y pues el profeta Ezequiel da testimonio que la causa porque aquella desventurada ciudad, Sodoma, llegó a la cumbre de tan abominable pecado, fue *la hartura y abundancia de pan y la ociosidad*, que tenían, ¿quién osará vivir en regalos, en ocio, ni aun verlos de lejos, pues que los que fueron bastantes a hacer el mayor mal, con más facilidad harán los menores? Ame, pues, la templanza quien es amador de la castidad; porque, si la una quiere tener sin la otra, no saldrá con ella, mas antes se quedará sin entrambas, que *a las que Dios juntó, ni las debe el hombre* querer *apartar*, ni puede, aunque quiera.

Mas habéis de mirar que este remedio de afligir la carne es bueno cuando la tentación nace de la misma carne. Y conocerlo héis en que viene a los que tienen regalada su carne, o crece con el holgar y regalo, y trae muchos movimientos de la misma carne. Entonces aprovecha refrenarla y castigarla, pues el principio del mal viene de ella.

b) BUENAS OCUPACIONES

Mas otras veces viene esta tentación de parte del demonio. Lo cual veréis en que más combate al hombre con pensamientos y feas imaginaciones del ánima que con consentimientos feos de la misma carne; o, si los hay en ella, no es porque la tentación comienza en alteraciones de carne, mas comienzan en pensamientos y de ellos resultan a la carne; la cual algunas veces es flaquísima y como muerta, y los pensamientos vivísimos. Y tienen otra señal, que son del demonio, en venir importunamente, sin catar reverencia a tiempos santos ni a lugares sagrados, en los cuales un hombre, por malo que sea, suele tener reverencia. Y éstos entonces le combaten más; y algunas veces son tantos y tales que el hombre nunca oyó ni imaginó tales cosas, y parece que otro es el que las dice y que no nacen de él. Cuando éstas y otras semejables vierdes, creed que es persecución del demonio en la carne, y que no nace de ella, aunque se padece en ella.

Y el remedio no es afligirla, porque muchas veces suele crecer mientras más la afligen; más debéis de orar, y daros a buenas ocupaciones, y hablar con buenas personas, para apartar el pensamiento de aquellas imaginaciones; las cuales son tan importunas y peligrosas que conviene, cuando mucho combaten, tener por peligrosa la soledad y el ejercicio de los buenos pensamientos, y es más seguro rezar vocalmente o leer, y otras honestas ocupaciones, por el gran peligro que traen, hallando aparejo de ser escuchados. De manera que el mal que nace de carne, con afligimiento de carne, y el mal que nace de pensamientos malos, con buenas ocupaciones y oraciones se deben curar. Y, si con todo esto no cesare esta tentación, no debéis desmayar, mas sufrirla con paciencia y creer que nuestro Señor permite que te atormente como ángel de Satanás, para que no te ensalces, o para otros provechos que su sabiduría suele sacar de los males.

c) EVITAR FAMILIARIDAD DE MUJERES CON HOMBRES

Es también menester para guarda de la castidad que se evite la conversación familiar de mujeres con hombres, por santos y parientes que sean, porque las feas caídas que en el mundo han pasado acerca de aquesto, nos deben ser un perpetuo amonestador de nuestra flaqueza y un escarmiento en ajena cabeza, con el cual nos desengañemos de cualquier falso prometimiento que nuestra soberbia nos hiciere, queriéndonos asegurar que pasaremos sin herida nosotros flacos, en lo que tan fuertes, tan sabios, y, lo que más es, tan grandes santos fueron muy gravemente heridos. ¿Quién se fiará de parentesco, leyendo la torpe caída de Amón con su hermana Thamar; con otras muchas, tan feas y más, que en el mundo han acaecido a personas que las ha cegado esta bestial pasión de la carne, por cercanas que fuesen en parentesco? ¿Y quién fiará en santidad suya o ajena, viendo a David, que fue *conforme al corazón de Dios*, ser tan feamente derribada en muchos y feos pecados por sólo mirar a una mujer? Ninguno en esto se engañe ni se fíe por castidad pasada o presente, que, puesto que sienta su ánima muy fuerte y dura contra este vicio como una piedra, aun debe huir las ocasiones, porque gran verdad dijo el experimentado San Hierónimo: que a ánimas de hierro la lujuria las doma.

Por tanto, toda mujer, y especialmente doncella de Cristo, ha de ser tan recatada y sospechosa en aquesto que de ninguna persona se fíe mas oiga con atención lo que San Bernardo dice: que las vírgines, que verdaderamente son vírgines, en todas las cosas temen, aun en las seguras. Y las que no lo hacen, presto se verán tan miserables con la caída, cuanto primero estaban con falsa seguridad miserablemente engañadas.

Este mal no combate abiertamente al principio a las personas devotas; mas primero les parece que de comunicarse sienten provecho en sus ánimas, y fiados de aquesto osan, como cosa segura, frecuentar más veces la conversación, y de ella se engendra en sus corazones un amor que los cautiva algún tanto, y los hace tomar pena cuando no se ven, y descansar con verse y hablarse. Y tras esto viene el dar a entender el uno al otro el amor que se tienen; en lo cual y en otras pláticas, ya no tan espirituales como las primeras, se huelgan de estar hablando algún rato, y poco a poco la conversación que primero aprovechaba a sus ánimas, ya sienten que las tiene cautivas, con acordarse muchas veces uno de otro, y con el cuidado y deseo de verse, y algunas veces de enviarse amorosos presentes y dulces encomiendas. Y de estos eslabones suelen venir tales fines que les dan, muy a su costa, a entender que los principios y medios de la conversación, que primero tenían por cosa de Dios, no eran otros que falsos engaños del astuto demonio, que por allí los aseguraba, para después tomarlos en el lazo que les tenía ascondido. Y así, después de caídos, aprenden que hombre y mujer no son sino fuego y estopa, y que el demonio trabaja por los juntar; y, juntos, soplarlos con mil maneras, para encender en ellos el fuego de carne, y después llevarlos al fuego del infierno.

Por tanto, doncella, huid la familiaridad de todo varón, y guardad hasta el fin la buena costumbre que habéis tomado de nunca estar sola con hombre ninguno, salvo con vuestro confesor, y esto no más de cuanto os confesáis, y aun entonces sin meter otras pláticas. Y la esposa de Cristo no como quiera ha de escoger confesor, mas mirando mucho que sea de muy buena vida y de muy buena fama, y, si ser pudiere, de madura edad. Y de esta manera estará vuestra conciencia segura delante de Dios, y vuestra fama limpia y sin mancha delante los hombres; porque entrambas cosas habéis menester. Y aunque de las comunicaciones no se sigan siempre los mayores males que pueden venir, todavía es bien que se eviten, por evitar el escándalo que de ello puede nacer acerca de quien lo sabe, y por evitar tentaciones y muchedumbre de pensamientos [que], aunque no traigan a consentimiento, quitan al ánima su pureza y libertad para pensar en Dios. Y parece que aquel secreto lugar del corazón, donde, como en tálamo, quiere Cristo solo morar, no está tan solo y cerrado a toda criatura como a tálamo de tan alto esposo conviene, ni de todo parece estar casto, pues hay en él memoria de hombre.

d) DEVOTA ORACIÓN

Habéis de saber que una de las principales cosas que aprovechan para poseer castidad, es el gusto de la suavidad divinal, que comunica Dios en el ejercicio de la devota oración; en la cual, *luchando el ánima* a solas *con Dios* con los brazos de pensamientos devotos, alcanza de él, como otro Jacob, que *la bendiga* con muchedumbre de gracias y entrañable suavidad; y hiérela *en el muslo*, que quiere decir el sensual apetito, mortificándoselo de arte que de allí adelante cosquea de él, andando viva y fuerte en las afecciones espirituales, significadas por el otro muslo que queda sano. Porque, así como el gusto de la carne hace perder el gusto y fuerzas del espíritu, así con el gusto del espíritu nos es desabrida toda la carne, y queda tan sin fuerzas que algunas veces es tanta la dulcedumbre que el ánima gusta, siendo visitada de Dios, que la carne con su flaqueza queda tan desmayada y caída como lo podría estar habiendo pasado alguna larga y grave enfermedad.

Por tanto quien quisiere gozar de la excelencia de la castidad ame el ejercicio de la devota oración; porque allí recibirá rocío del cielo y beberá de una agua tan poderosa que le apague de raíz los apetitos carnales. Y quien quisiere gozar de la devota oración, ame el recogimiento y hallarla ha. De aquí podréis conocer claramente cuánto mal causa la comunicación que hemos dicho, pues hace derramar el corazón y perder la devoción, que eran medios tan provechosos para alcanzar la castidad.

e) DESCONFIANZA EN SÍ Y CONFIANZA EN DIOS

Todo lo dicho, y más que se pudiera decir, suele ser medio para alcanzar esta preciosa limpieza; mas muchas veces acaece que así como teniendo piedra y madera, y todo lo necesario para edificar una casa, nunca se nos adereza el edificarla, así también acaece que, haciendo todos estos remedios, no alcancemos la castidad deseada. Antes hay muchos que, después de vivos deseos y grandes trabajos pasados para que alcanzasen esta joya, se ven miserablemente caídos en el lodoso cieno de su carne, y dicen con gran dolor: *Trabajado hemos toda la noche y ninguna cosa hemos tomado*, y paréceles que se cumple en ellos lo que dice el Sabio: *Cuando yo más lo buscaba, tanto más lejos huyó de mí.*

Lo cual muchas veces suele venir de una secreta fiucia que en sí mesmos estos trabajadores tenían, pensando que la castidad era fruto que nacía de sus trabajos y no dádiva graciosa de Dios. Y por no saber a quién se había de pedir, justamente se quedaban sin ella; porque mejor daño les fuera tenerla y ser soberbios e ingratos a su dador, que estar sin ella llorosos y humildes y avergonzados, viendo que no la pueden haber, sabiendo que no es pequeña sabiduría saber cuya dádiva es la castidad; y no tiene poco camino andado para alcanzarla quien de verdad siente que no es fuerza de hombre sino dádiva de nuestro Señor. Lo cual nos enseña el Sabio, diciendo: *Como yo supiese que yo no podía ser continente, si Dios no me lo diese, y esto era suma sabiduría, saber cuyo es este don, fuí al Señor y hícele oración con todas mis entrañas.*

f) ACUDIR A LA VIRGEN Y A LOS SANTOS

Y aunque los remedios ya dichos para alcanzar este bien sean provechosos, y debemos ejercitar nuestras manos en ellos, ha de ser con condición que no pongamos nuestra fiucia en ellos, mas hagamos con devota oración lo que David hacía y nos aconseja, diciendo: *Alcé mis ojos a los montes, donde me venía mi socorro. Mi socorro es del Señor, que hizo el cielo y la tierra*. Estos montes a los santos significan, a los cuales conviene invocar con oraciones, para que nos alcancen de Dios esta merced. Que [si] para sanar de corporales enfermedades, visitamos sus casas, ayunamos sus vigilias, celebramos sus fiestas y los invocamos con oraciones, ¿cuánto con más razón debemos hacer todo esto, para que nos alcancen de Dios remedio contra este fuego infernal? Principalmente y particularmente se debe hacer esto en el servicio de la castísima Virgen María, importunándola con servicios y oraciones por esta merced, las cuales ella oye y recibe de muy buena gana, y por ser muy amadora de limpieza y verdadera abogada de los que la quieren tener. Porque, si hallamos en las mujeres de acá algunas tan amigas de honestidad que ampara[n] con todas sus fuerzas a quien quiere apartarse de la vileza de este vicio y caminar por la limpieza de la castidad, ¿cuánto más se debe esperar de esta limpísima Virgen de vírgines que pondrá sus ojos y orejas en los servicios y oraciones del que quisiere la castidad que ella tan de corazón ama?

No te falte, pues, deseo de haber este bien; no te falte fiucia en Cristo, ni importunas oraciones a sus santos y a su Madre, y a Él, que no faltará en ellos cuidado ni amor para orar por ti, ni en él misericordia para te conceder este don, que él solo lo da; y quiere que todo hombre a quien lo da así lo conozca, pues así es la verdad.

Es don sobrenatural que no se da a todos igualmente

g) A UNOS SE DA CASTIDAD EN EL ÁNIMA SOLA

Y es de mirar que este don no lo da por un igual, mas según a su santa voluntad place. A unos da más y a otros menos. Porque a algunos da castidad en la ánima sola, que es un propósito firme y deliberado de no caer en este vicio por cosa que sea; mas con este propósito bueno tienen en su carne y parte sensitiva tentaciones penosas, que, aunque no hagan consentir la razón en el mal, aflígenla y danla que hacer en defenderse de sus importunidades. Lo cual es semejable a Moisén y a su pueblo, que estando él en lo alto del monte en compañía de Dios, estaba el vulgo del pueblo, adorando ídolos en el valle. Y quien en este estado está debe hacer gracias a nuestro Señor por el bien que le ha dado en su ánima, y sufrir con paciencia la poca obediencia que su parte sensitiva le tiene, porque así como, si Eva sola comiera del árbol vedado, no se cometiera el pecado original, si Adán, su varón, no consintiera, así, mientras aquel propósito bueno de no consentir cosa mala estuviere vivo en lo más alto de la ánima, no puede hacer la parte sensitiva, por mucho que coma, que haya pecado mortal, pues el varón no consiente con ella, antes le desplace y la reprende.

Y si se te hiciere de mal sufrir guerra tan continua dentro de ti, mira que con el trabajo de la tentación se purgan los pecados pasados y se anima el hombre a servir más a Dios, viendo que le ha más menester; y conocemos nuestra flaqueza, por locos que seamos, viéndonos andar a tanto peligro, y a los cuernos del toro, que, a dejarnos Dios un poquito de su mano, caeríamos en la espantable hondura del pecado mortal. Y si fueres fiel siervo de Dios, mientras más tu carne te combatiere, tanto más tú con tu ánima te esforzarás a guardar la castidad, y las tentaciones te serán como golpes que ayudarán a arraigar más en ti la limpieza; y verás las maravillas de Dios, que así como por nuestra maldad parece mayor su bondad, así por la flaqueza de nuestra carne obra fortaleza en nuestra ánima. Y acuérdate que vale más buena guerra que mala paz. Y que es mejor trabajar nosotros por no consentir, y dar en ello placer a nuestro Señor, que, por tomar un poco de placer bestial, que en pasando deja doblado dolor, dar enojos a quien con todas nuestras fuerzas debemos amar y agradar. Llámale con humildad y con fe, que no dejará de socorrer a quien por su honra pelea; que al fin hará que salgas con ganancia de la pelea, y te contará este trabajo en semejanza de martirio, pues como los mártires querían antes morir que negar la fe, así tú padeces lo que padeces por no quebrantar su santa voluntad, y hacerte ha compañero en la gloria con ellos, pues lo eres acá en el trabajar.

h) A OTROS TAMBIÉN EN SU PARTE SENSITIVA

A otros da nuestro Señor este bien de la castidad más copiosamente, porque no sólo les da en el ánima este aborrecimiento de sucios deleites, mas tienen tanta templanza en su parte sensitiva y carne que gozan de grande paz, y casi no saben qué es tentación que les dé pena. Y esto suele ser en dos maneras: unos tienen esta paz en limpieza por natural complexión, otros por elección y merced de Dios.

Los que por complexión natural, no deben engreírse mucho con la paz que sienten, ni despreciar a quien ven tentado; porque no se mide la virtud de la castidad por tener esta paz, mas por tener propósito en el ánima de no ofender en este pecado a nuestro Señor. Y si uno, siendo tentado y guerreado en su carne, tiene este propósito bueno en su ánima, con mayor firmeza que el que no tiene ni siente tentaciones, más casto será éste combatido que el otro con la paz. Ni tampoco deben estos bien acomplexionados desmayarse, diciendo: «Poco gano en ser casto, pues lo tengo de complexión», mas deben aprovecharse de la buena complexión que tienen, queriendo con la razón la castidad, que su inclinación les convida, suplicando a nuestro Señor les ponga mucha firmeza en sus ánimos, y de esta manera servirán a Dios con el ánima por el don suyo, y en la carne por su buena inclinación.

Otros hay que no por inclinación natural, mas por merced de nuestro Señor, son tan cumplidamente castos que en su ánima tienen muy quitada la gana, y sienten entrañable aborrecimiento de esta vileza; y en su parte sensiva, tanta obediencia que no solamente va arrastrando a lo que la razón manda, mas obedécela con deleite y presteza, concertándose en uno ella con la razón, y teniendo entre sí entrañable paz y sosiego. Este excelente estado rastrearon algunos filósofos, los cuales dijeron que había algunos varones tan excelentes que tenían sus ánimos tan purgados que obraban las virtudes con facilidad y deleite, sin que se levantasen pasiones, o si vencidas se levantaban, eran ligeramente y sin pena vencidas. Mas esto que ellos hablaban e quizá no tenían -o, si lo tenían, era por inclinación natural; o, si era por elección, era a cabo de mucho tiempo que se ejercitaban en estas buenas costumbres, y lo que obraban era a fuerzas de sus proprios brazos-, tiénenlo los bienaventurados cristianos, a los que Cristo les quiere conceder este don, no ganado por fuerza de ellos, mas infundido por el fuerte Espíritu de él, el cual es de tanta eficacia, cuando perfectamente obra en ánima y carne, que así como hace que lo superior del ánima está con perfecta obediencia sujetísimo a Dios, y recibe de Él poderosas fuerzas y excelentísima lumbre, estando unido tan perfectamente con Él y tan regido por la voluntad de Él, que diga el Apóstol: *El que se llega a Dios, un espíritu es con Él*, así esta eficacia de Dios que obra en la parte sensiva hace que, dejada la bestialidad y fiereza que de su naturaleza tiene, obedezca con deleite a la razón y se le dé muy sujeta. Y aunque en la naturaleza sean diversas, por ser una espiritual y otra sensual, mas allégase tanto la parte sensitiva a la razón que toma también su freno, que anda domada y doméstica, y, aunque no es *razón*, anda como *razonada*, no impidiendo, mas ayudando, como fiel mujer a su marido. Y así como hay ánimas de algunos tan miserablemente dadas a la voluntad de su carne que no se rigen por otro norte sino por el apetito de ella y, siendo su naturaleza espiritual, se abate a la miserable sujección de su cuerpo, tan transformadas en carne, que se tornan *encarnizadas*, y parecen, en su voluntad y pensamientos, un puro pedazo de carne; así la sensualidad de estos otros se junta tanto con la razón que parece más razonal que las mismas ánimas de los otros.

Dificultosa cosa de haber parecerá ésta; mas, en fin, es obra y dádiva de Dios, concedida por Jesucristo, su único Hijo, en el tiempo del cual estaba profetizado que *habían de comer juntos lobo y cordero, oso y león*; porque las afecciones irracionales de la parte sensitiva, que como fieros animales quieren tragar y maltratar la ánima, son pacificadas por el don de Jesucristo, y dejada su guerra viven en paz, como se dice en Job: *Las bestias de la tierra te serán pacíficas, y con las bestias de la región tendrás amistad*. Y entonces se cumple lo que está escrito en el Psalmo que dice: *Tú, hombre unánime conmigo, guía mía, y conocido mío, que comiste conmigo los dulces manjares, y anduvimos en la casa de Dios de un consentimiento*. Las cuales palabras dice el hombre interior a su exterior, teniéndolo tan sujeto que lo llama *de un ánima*, y tan conforme a su querer que dice que *comen entrambos dulces manjares y andan en uno en la casa de Dios*; porque están tan amigos que, si el interior come castidad, orar, ayunar y velar, y otros santos ejercicios, hallando mucha dulzura en ellos, también el hombre exterior hace estas obras, y le saben como dulce manjar.

i) SÓLO CRISTO Y SU MADRE, LIBRES DE TODO MOVIMIENTO PECAMINOSO

Mas no entendáis que venga uno en este destierro a tener tanta abundancia de paz que no sienta alguna vez movimientos contra su razón, porque, sacando a Cristo Redemptor nuestro, y a su Madre sagrada, no fue a otros concedido este privilegio; mas habéis de entender que, aunque haya estos movimientos en las personas a quien

Dios concede este don, no son tales ni tantos que les den pena, antes, sin ponerlos en estrecho de guerra ni quitarles la paz, son ligeramente por ellos vencidos. Como si viésemos en una ciudad a dos muchachos reñir, y luego se apaciguasen, no decíamos que, por aquella breve guerra, faltaba paz en la ciudad, si la hobiese en los principales del pueblo.

Y pues esta alteza de virtud confesaban los filósofos, con no conocer las fuerzas del Espíritu Santo, no debe ser dificultoso al cristiano confesar esto, y desearlo, a gloria de la redempción de Cristo, y de su poder, al cual no hay cosa imposible, cuya *paz*, es tanta que *sobrepuja a todo sentido*, como dice San Pablo. Pues, cuando la carne así estuviere obediente y templada, estonces estamos bien lejos de oír su lenguaje y seguros de caer en la terrible maldición que echó Dios a Adán, nuestro padre, porque *oyó la voz de su mujer*; antes nosotros hacemos a ella que nos sirva y oya, y, como a pájaro encerrado en jaula, la enseñamos a hablar nuestro lenguaje, y que con alegría nos obedezca. De la cual luenga obediencia, que a la razón tiene, queda tan bien acostumbrada que, si algo pide, no es deleite mas necesidad; y entonces bien la podemos oír, según Dios mandó a Abraham *que oyese la voz de su mujer Sara*, la cual era ya muy vieja, y con su carne tan enflaquecida y mortificada que *no tenía las superfluidades de otras mujeres*. Y de esta tal carne algo más nos podemos fiar, oyendo lo que nos dice, aunque no debemos tanto creerla que su solo dicho nos baste, mas debemos examinarlo con razón y con el espíritu, porque la que pensábamos estar muerta no se haga engañosamente mortecina, y tanto más peligrosamente nos derribe cuanto por más fiel la teníamos.

3. LENGUAJE DEL DEMONIO

Los lenguajes del *demonio* son tantos cuantas son sus malicias para engañar, que son innumerables. Porque así como Cristo es causa de todos los bienes, que se comunican a las ánimas de los que se sujetan a Él, así el demonio es padre de pecados y tinieblas, porque, instigando y aconsejando a sus miserables ovejas, las induce a mal y mentira, con que eternamente sean perdidas, y porque sus astucias son tantas que sólo el Espíritu del Señor basta a descubrirlas, hablaremos pocas palabras, remitiendo lo demás a Cristo, que es verdadero enseñador de las ánimas.

a) SECRETAMENTE PONE ASECHANZAS

De muchos nombres es llamado el demonio, para alcanzar los males que tiene, mas entre todos hablemos de dos, que son ser llamado *león y dragón*. Dice San Agustín: *dragón*, porque secretamente pone asechanzas; *león*, porque abiertamente se enoja.

1) *Ensoberbeciendo al hombre*

Y la asechanza que tiene para enseñar es aquesta: alzarnos con la vanidad y mentiras, y después derribarnos con verdadera y miserable caída. Ensálzanos con pensamientos que nos inclinan a estimarnos en algo, haciéndonos caer en soberbia. Y como él sepa este mal, por experiencia, ser tan grande que bastó a hacer de ángel demonio, trabaja con todas sus fuerzas hacernos participantes en él, porque también lo seamos en los tormentos que tiene. Sabe él muy bien cuánto desagrada la soberbia a Dios, y cómo ella sola basta a hacer inútiles todas las otras virtudes que un hombre tenga; y trabaja tanto por sembrar esta mala semilla en el ánima que muchas veces deja de tentar a uno y le dice algunas verdades, y le da algunos buenos consejos y espirituales consolaciones, para inducirle a soberbia, y así derribarlo y dejarlo, vacío.

Remedios:

a) MIRAR NUESTROS MALES PASADOS, PRESENTES Y POR VENIR

Mas cuanto él con más diligencia nos hablare este engañoso lenguaje, tanto con mayor diligencia debemos nosotros hacernos sordos a él, que si el profeta dice que *debajo de la lengua de los malos hay ponzoña*, ¿cuánto mayor pensamos que la habrá en el lenguaje del mismo demonio, más malo que los malos todos? Y si él nos ensalzare de los bienes que tenemos, humillémonos nosotros mirando los males que hacemos y hecimos, los cuales son tantos, que, si el Señor no nos fuera a la mano, y no nos quitara del camino que tan de corazón caminábamos, fuéramos creciendo en maldades como en la edad, hasta que los infernales tormentos fueran pequeños para nuestro castigo. ¡Oh abismo de misericordia!, y ¿qué te movió a llamar a los que tan lejos iban de ti? ¿Qué te movió a mirar cara a cara a los que tan vueltas tenían a ti las espaldas? Acordástete de los olvidados de ti, haciendo mercedes a los que merecían tormentos, y tomaste por hijos a los que habían sido malos esclavos, aposentando tu natural persona en las que primero habían sido hediondo establo de suciedades. Estos males que entonces hecimos, nuestros eran, y, si otra cosa ahora somos, en Dios lo somos, como dice el Apóstol: *Erades algún tiempo tinieblas, mas ahora luz en el Señor*.

Conviene, pues, acordarnos del miserable estado en que por nuestra flaqueza nos metimos, si queremos estar seguros en el dichoso estado en que por su misericordia Dios nos ha puesto, creyendo muy de verdad que lo mismo haríamos que antes hecimos, si la poderosa y piadosa mano de Dios de nos se apartase. Y si miramos a los muchos peligros a que estamos sujetos por nuestra flaqueza, no osaremos del todo alegrarnos con el bien que de presente tenemos, con el temor de los pecados que podemos hacer. Grande alegría mostraron los hijos de Israel y devotos cantares hicieron a Dios, cuando tan gran maravilla hizo con ellos que los pasó por el mar a pie enjuto, y parecíales que, pues en tan gran peligro no habían peligrado, ninguna cosa había de ser bastante para los derribar ni impedir que alcanzasen la tierra por Dios prometida; mas la esperanza salió de otra manera porque, después de aquel gran favor, sucedieron tentaciones y pruebas, y fueron hallados flacos e impacientes en la prueba y pelea los que habían sido devotos y alegres después de la pasada del mar. Y porque no alcanzan la corona prometida por Dios, sino los que son hallados fieles en las pruebas que él les invía, éstos no la alcanzaron; mas que quedaron muertos en el desierto por sus pecados.

¿Quién será, pues, tan desatinado que ahora mire a la vida pasada, ahora a la que resta por venir, ose alzar su cabeza a tomar alguna soberbia, pues en lo pasado ve cuán miserable cayó, y en lo por venir a tantos temores está sujeto? Y, si bien conociere la verdad de cómo todo lo bueno viene de Dios, verá que el tener dones de Dios no ha de ensalzar vanamente a los que los tienen, mas abajarlos más, como a quien más agradecimiento y servicio debe. Y cuando piensa que creciendo las mercedes, crece la cuenta que ha de dar de ellas, parécenle los bienes que tiene una carga pesadísima, que le hace gemir y ser más cuidadosa y humilde que antes.

b) PEDIR A DIOS HUMILDAD: CONOCER A DIOS Y A SÍ

Y porque es tanta nuestra liviandad, y tenemos tan metida en los huesos la secreta soberbia, que fuerzas humanas no bastan del todo a limpiarnos de este pecado, debemos pedir a Dios este don, suplicándole importunamente no nos permita caer en tan gran traición, que nosotros seamos robadores de la honra que de todo lo bueno a él es debida. Con el ayuno se sanan pestilencias de la carne, y la oración las de la ánima; y por eso conviene al que esta pestilencia siente en su ánima, orar con toda diligencia y continuación, presentarse delante el acatamiento de Dios, suplicándole abra los ojos para conocer la verdad de quién sea Dios, y quién sea él, para que ni atribuya a Dios algún mal, ni tampoco a sí algún bien.

Y cuando Dios es servido de hacernos esta merced, invía una celestial lumbre en el ánima, con que, quitadas unas gruesas tinieblas, conoce ningún bien, ni ser, ni fuerzas haber en todo lo criado mas de aquello que la bendita y graciosa voluntad de Dios ha querido dar y quiere conservar. Y conoce entonces cuán verdadero cantar es aquél: *Llenos son los cielos y la tierra de tu gloria.*

Porque en todo lo creado no ve cosa que buena sea, cuya gloria no sea a Dios. Y entiende con cuanta verdad dijo Dios a Moisén, que dijese a los hombres, que *el que es me invío a vosotros*; y lo que dijo el Señor en el evangelio: *Ninguno es bueno, si no sólo Dios*, porque, como todo el ser que tengan las cosas y todo el bien, ahora sea del libre albedrío ahora de la gracia, sea dado y conservado de la mano de Jesucristo, conoce que más se puede decir que Dios es en ellas y obra el bien ellas, más que ellas de sí mesmas. No porque ellas no obren, mas porque obran como causas segundas movidas por Dios, principal y universal hacedor, del cual ellas tienen la virtud para obrar. Y así, mirando a ellas, en cuanto de sí mismas, no les hallan tomo ni arrimo en si proprias, sino en aquel infinito ser que las sustenta, en cuya comparación parecen todas ellas, por grandes que sean, como una pequeña aguja en un infinito mar.

Y de este conocimiento de Jesucristo queda en el ánima una profunda reverencia a la sobreexcelente majestad divinal que le pone tanto aborrecimiento de atribuir a sí misma ni a otra criatura algún bien, que ni aún pensar en ello no quiere, considerando que así como el casto de Josef no quiso hacer traición a su señor, aunque fue requerido de la mujer de él, así no debe el hombre alzarse con la honra de Dios, la cual él quiere para sí como el marido a su propria mujer, según está escripto: *Mi gloria no la daré yo a otro*. Y está el hombre entonces tan fundado en esta verdad, que aunque todo el mundo lo ensalzase, él no se ensalzaría, mas, como verdadero justo, desnúdase de la honra, pues ve no ser suya, y dala al Señor, cuya es. Y en esta luz ve que cuanto más alto está, más ha recebido de Dios y más le debe, y más pequeño y abajado es en sí mismo; porque quien tan de verdad crece en otras virtudes, también ha de crecer en la humildad, diciendo a Dios: Conviene crecer en ti, *y a mi ser abajado cada día más* en mí mismo.

Y entonces no oye el ánima el falso lenguaje del demonio soberbio, que con la propria estima la quería engañar; mas oye la verdad de Dios, que dice que la verdadera honra y estima de la criatura no consiste en sí misma, mas en recebir y ser estimada y amada de su Criador.

2. Desesperándole:

1. Con la memoria de sus pecados

Otra arte suele tener el demonio contraria a esta pasada, la cual es, no haciendo ensalzar el corazón, mas abajándole y desmayándolo, y así traello a desesperación. Y esto hace trayendo a la memoria no los bienes que el hombre ha hecho, mas sus pecados, gravándoselos cuanto puede, para que, espantado con la muchedumbre y graveza de ellos, caya desmayado como debajo de carga pesada, y así desespere. De esta manera hizo con Judas, que, al hacer del pecado, quitóle delante la graveza de él, y después trájole a la memoria cuán grave mal era haber vendido a su maestro y por tan poco precio, y para tan mala muerte. Cególe los ojos con la grandeza del pecado, y dió con él en el lazo, y de allí en el infierno.

De manera que a unos ciega con las buenas obras poniéndoselas delante y escondiéndoles sus señales, y así los engaña haciéndolos ensoberbecer; y a otros escóndeles que no se acuerden de sus bienes que por la gracia de Dios ha hecho, y tráeles a la memoria sus males, y así los derriba. A los unos díceles que sus bienes son muchos y sus pecados pocos y livianos; a los otros, que los bienes que han hecho son pocos y llenos de falta, y sus males muchos y grandes.

Remedio: PONER LOS OJOS EN LOS BIENES HECHOS Y EN LA MISERICORDIA DE DIOS Y BENEFICIO DE CRISTO

Mas así como el remedio es, porque él nos quiere alzar de la tierra, asirnos más a la tierra y tener los pies más hincados en ella, y considerando, no nuestras plumas de pavo, mas nuestros lodosos pies de pecados que hemos hecho o haríamos, si Dios no nos guardase, así en este otro engaño es el remedio quitar los ojos de nuestros pecados y ponerlos en los bienes que hemos hecho y en la misericordia de Dios, de donde nos vinieron. No es esto para poner confianza en las obras nuestras, porque no cayamos en un lazo, huyendo de otro; mas para creer que, pues nos dio gracia para las hacer, no las dejará de galardonar, y, pues nos ha puesto en la carrera, no nos dejará en la mitad de ella, pues sus obras son acabadas como él lo es; y más hizo en sacarnos de enemistad que en conservarnos en su amistad. Lo cual nos amonesta San Pablo diciendo. *Si cuando éramos enemigos fuimos reconciliados a Dios por la muerte de su Hijo, mucho más ahora que somos reconciliados seremos salvos en la vida de Él.*

Cierto, pues su muerte fue poderosa para resucitar a los muertos, también lo será su vida para conservar en vida a los vivos. Hízonos de enemigos amigos, pues no nos desamparará siendo amigos. Si nos amó desamándole, no nos desamará amándole. De manera que osemos decir lo que dijo San Pablo: *Confío que aquel que comenzó en vosotros el bien, lo acabará hasta el día de Jesucristo.*

Si el demonio nos quisiere turbar con gravarnos los pecados que hemos hecho, miremos que ni él es la parte ofendida, ni tampoco el juez. Dios es a quien ofendemos cuando pecamos, y él es el que ha de juzgar a hombres y demonios, y, por tanto, no nos turbe que el acusador acuse, mas consuélenos que el que es parte y juez nos perdona y absuelve. Y esto dice San Pablo así: *Si Dios con nos, ¿quién será contra nos? El cual a su proprio Hijo no perdonó, mas por todos nosotros lo entregó. Pues, ¿cómo es posible que dándonos a su Hijo, no nos haya dado todas las cosas? ¿Quién acusará contra los hijos de Dios? Dios es el que justifica, ¿quién habrá que condene?* Todo esto dice San Pablo. Lo cual, bien considerado, debe esforzar a nuestro corazón a esperar lo que falta, pues tales prendas de lo pasado tenemos. No nos espanten nuestros pecados, pues el eterno Padre castigó a su Hijo unigénito por ellos para que así viniese el perdón sobre nos, que merecemos el castigo. Y pues Dios nos perdona, ¿qué aprovecha que el demonio dé voces, pidiendo justicia? Ya una vez fue hecha justicia de todos los pecados del mundo; la cual cayó sobre el inocente cordero, que es Jesucrito, para que todo culpado que quisiese llegarse a él sea perdonado. Pues, ¿qué justicia sería castigar otra vez los pecados del penitente con infierno, pues ya una vez fueron suficientemente castigados en Jesucristo? Él nos es dado por la misericordia del Padre, y en él tenemos todas las cosas; porque, en comparación de tal persona divina, como es el Hijo, ¿qué es todo lo demás sino menos que él? Y quien dio el Señor, también dio el señorío; y quien dio el sacrificio, dio el perdón; *y quien dio al Hijo, dará todo cuanto quisiéremos.*

Así que, doncella de Cristo, si nos quisiere el demonio cegar en nuestros pecados, digamos que no son sino pocos y chicos, y nuestros bienes muchos y grandes. Pocos son nuestros pecados, no en sí, mas comparados a los muchos merecimientos de Jesucristo. Muchos son nuestros bienes, no en nosotros, mas en Cristo, que nos dio lo que él ayunó, oró, y caminó y trabajó; y sus espinas y sus azotes, y clavos y lanza, muerte y vida, haciéndonos participantes en todo mediante los sacramentos y fe. Cuantas son las misericordias del Señor, tantos podemos decir que son nuestros merecimientos; y cuantos son los bienes de Cristo, en tantos tenemos parte nosotros. Y así como en el mar Bermejo fueron ahogados Faraón y los suyos, que perseguían a Israel por las espaldas, así, en la sangre y merecimientos de Cristo, son los pecados que hemos hecho ahogados, que ninguno queda. Por tanto, cerremos las orejas a este lenguaje, y hagamos ir avergonzado al demonio, como lo fué de unos, de los cuales dijo: «Estos me han vencido, porque cuando yo los quiero ensalzar, ellos se abajan, y cuando yo los quiero abajar ellos se ensalzan». Y digamos con David: *Siendo el Señor mi ayudador, yo despreciaré a mis enemigos.*

2. Con pensamientos contra Dios

Otras veces suele hacer desmayar, trayendo pensamientos muy sucios y abominables aun contra las cosas de Dios, y hace entender al que los tiene que de él salen y que él los quiere tener y con esto atribúlale de tal manera que le quita toda el alegría del ánima, y le hace entender que está muy desechado de Dios y condenado de él, y dale gana de desesperar, creyendo que no puede parar en otra parte sino en el infierno, pues ya le parece tener blasfemias semejantes a las de allá. No es tan necio el demonio que no se le entiende que el tentando no ha de venir a consentir en cosas tan abominables, mas es su intento asombrarle y desmayarle, para que así pierda la confianza que en Dios tenía, y trabajarlo tanto con sus importunidades e frialdades que le haga perder la paciencia y sosiego, y así ganar él; como dicen: A río vuelto, ganancia de pescadores.

Gran merced hace Dios a muchas personas, que por mucho tiempo les guarda y esconde dentro de sí, para que no sepan qué guerra es aquesta ni oigan aqueste espantable lenguaje; mas otras veces permite que aquel malvado turbe con sus voces importunas nuestro silencio, y en lugar del gozo, que teníamos en pensar cosas de Dios, nos hagan sus tentaciones echar lágrimas de muy gran tristeza.

Remedios:

a) NO DIALOGAR CON EL DEMONIO

Entonces hemos de hacer lo que hacía David: *Yo, como sordo, no oía; y como mudo, que no abre su boca*. Hecho soy como hombre que no oye y que no tiene en su boca reprehensiones. Y pues no podemos dejar de oír este lenguaje, pues que el demonio, aunque no queramos, nos trae estos pensamientos y hablas tan malas, seamos a lo menos como quien no oye. Lo cual hacemos cuando no nos turbamos ni entristecemos con ellos, mas estamos en nuestra paz como de antes, no curando de tomarnos a palabras ni respuestas con el demonio ni sus asechanzas, mas estamos como sordos y mudos, no haciendo caso de todo cuanto nos dice. Dificultoso es creer aquesto a los que poco saben de las astucias del demonio, los cuales piensan que, si no dejan de hacer lo que hacían y se ocupan en ojear y andar matando las moscas de los tales pensamientos, ya han consentido en ellos, creyendo que es todo uno: sentir pensamientos y consentir en ellos. En la verdad, mientras los tales pensamientos son más abominales, más seguro está el hombre que no consentirá en ellos. Y basta no curar de ellos con una sosegada disimulación, porque no hay cosa que al demonio más lastime que el despreciarlo tan despreciado que ningún caso hagan de él ni hay cosa tan peligrosa como trabar razones con quien tan presto nos puede engañar.

Y por esto la mejor respuesta es no responder, aunque nos parezca que teníamos qué, mas una vez al día decir que creemos lo que cree la santa Iglesia Romana, y que no queremos consentir en pensamiento falso ni sucio; y decir al Señor lo que está escripto: *Señor, fuerza padezco, responded vos por mí*; y sosegarnos, creyendo que él lo hará con condición que tengamos esperanza en él y callemos nosotros. Porque, si tenemos muchas respuestas nosotros, ¿cómo le diremos que responda por nos? Por lo cual dice la sagrada Escriptura: *Vosotros callaréis y el Señor peleará por vosotros*. De manera que nuestro pelear no es a solas manos, mas muy más principalmente con invocar al Señor todopoderoso, el cual por nosotros pelea. Y esto es lo que dice el profeta Esaías: *En silencio y esperanza será vuestra fortaleza*. Porque uno de estos dos que falte, luego el hombre se turba y enflaquece.

b) CRECER EN EL BIEN OBRAR, AUNQUE SEA SIN DEVOCIÓN

Mas dirá alguno: «Quítanme estos pensamientos la devoción, y suélenme venir cuando yo me llego a las buenas obras, y por no oír tales cosas, estoy determinado muchas veces de no las hacer». A esto digo: que esto es por lo cual el demonio andaba, por con sus importunidades estorbar el bien obrar; aunque parece que a otra parte tiraba. Mas debes tú antes crecer en el bien que menguar, como persona que adrede lo hace, por hacer ir al demonio con pérdida de lo que pensaba llevar ganancia.

E si falta la devoción no te penes, pues no se miden nuestros servicios por devoción, mas por amor; y el amor no es devoción tierna, mas un ofrecimiento de voluntad a lo que Dios quiere que hagamos y padezcamos, tengamos voluntad o no, y si algunos, que parece dejan el mundo por servir a Dios, dejasen también la desordenada codicia de los devotos sentimientos del ánima, como dejan la codicia de los bienes temporales, vivirían más alegres de lo que viven, y no hallaría el demonio codicia en que asir, como en cabellos, con sus engaños, y lastimarles con ellos. Desnudo murió Jesucristo, y desnudos nos hemos de ofrecer a él, y sola nuestra vestidura ha de ser su santísima voluntad, sin mirar a otra parte. Igualmente hemos de tomar la tentación que la consolación de su mano, y oír demonios como oír ángeles, y ser tentados y azotados como ser abrazados. Finalmente, no estar asidos a los flacos ramos de nuestros quereres, aunque nos parezcan buenos, mas a aquella fuerte columna de la divina voluntad, que nunca se muda. Para que así no vivamos en mudanzas, mas participemos a nuestro modo de aquella immutabilidad y sosiego que la divina voluntad tiene, haciendo siempre lo que quiere, y tomando lo que nos invía.

Decidme, doncella, ¿qué más hace al caso servir uno a Cristo por consolaciones y gustos de ánima que servirle por dinero, qué más por cielo que por tierra, si el postrer paradero es mi codicia? Lucifer, según muchos doctores dicen, la bienaventuranza deseó, mas, porque no la deseó como debía y de quien debía, y que se le diese cuando Dios quería, no aprovechó que lo que deseaba era bueno, mas pecó por no desearlo bien; y así fué su deseo codicia, y no buen deseo.

c) CONFORMAR NUESTRA VOLUNTAD CON LA DE DIOS

Pues de esta manera digo que no hemos de estar atados a desear nuestros consuelos o devociones, o sosiego, o semejantes cosas, parando en ellas, mas, libres de estas cosas, asestar nuestro querer en aquel norte inmutable de la divina voluntad, tomando lo que nos diere, y cuando y como; y no holgarnos por lo que nos da, principalmente por nuestro provecho, mas porque se huelga él en dárnoslo, aparejados a carecer de ello, si supiésemos que él es servido. Y no digo yo esto, porque se puede excusar el gozo cuando el Señor nos visita, o la pena, cuando nos deja en manos de nuestros enemigos para ser de ellos tentados, mas porque, en cuanto pudiéremos, nos mostremos a no hacer mucho caso del consuelo, porque no sintamos las mudanzas que necesariamente hemos de sentir, si a estas cosas nos arrimamos.

Suplicad al Señor que nos abra los ojos, que más claro que la luz del sol veríamos que todas las cosas de la tierra y del cielo son muy poca cosa para desear ni gozar, si de ellas se apartase la voluntad del Señor. Más vale sin comparación comer o dormir, si el Señor lo manda, que estar en el cielo sin su querer. No estemos pues tanto asidos de las cosas, por buenas que nos parezcan, más de cuanto fuere siempre la voluntad buena de nuestro Señor Dios. Y así ligeramente tendremos sosiego entre los alborotos que el demonio causa, porque estará mortificada nuestra voluntad, que es la que causaba el descontento, y viviremos siempre en una continua paz, según en este destierro se puede haber, por estar conformes con la voluntad de nuestro Señor Dios, la cual tan bien se cumple en nosotros cuando somos atribulados, como cuando somos consolados. Echemos, de nosotros tanta fruta perdida, que estaba colgada de nuestra secreta codicia, y cogeremos otros nuevos frutos de gozo y paz, que de esta unión con la divina voluntad suelen venir.

Esta es el arte con que se engaña el arte que el demonio traía. El quería hacernos enojar, aunque a otra parte parecía que tiraba. Nosotros guardámosle el golpe y cobrímonos con paciencia, conformándonos con la voluntad divina, y así quedamos sin llaga y aún con corona, porque, no curando de lo que en nos pasa, por penoso que sea, mas de la voluntad del que lo invía, vencemos nuestra propia voluntad; lo cual es la causa de nuestra corona.

Y porque el vencimiento de esta batalla más se hace por arte de contentarnos con lo que viene, y de tener confianza, mientras más el demonio nos la quiere quitar, que por vía de fuerza, queriendo evitar que no nos vengan estos pensamientos, pues que no son en nuestra mano, por eso dice el esposo a la esposa en los Cantares: *Cazadnos las pequeñuelas zorras, que destruyen las viñas, porque nuestra viña ha florecido*. La *viña* de Cristo nuestra ánima es, plantada con su mano y regada con su sangre. Esta *florece* cuando, pasado el tiempo en que fue estéril y seca, comienza nueva vida y fructifera al que la plantó. Mas porque a los tales principios suelen acechar estas y otras tentaciones del astuto demonio, y les suelen dañar con hacerles desmayar, trayéndoles pensamientos tan feos estando ella ternecica y en flor, por eso nos amonesta el esposo florido, que pues nuestra ánima, viña suya, ha *florecido*, que tengamos manera para cercar estas importunas tentaciones. En decir *cazar*, da a entender que ha de ser por maña y no por fuerza. Y en decir que son *zorras*, da a entender que son tentaciones solapadas, que pareciendo ir a herir en una parte, hieren en otra. En decir *pequeñas*, da a entender que para quien las conoce no son grandes, porque el solo conocerlas es vencerlas; y a quien le parecen grandes, es el que con su temor y poco saber las hace grandes. Y en decir que *destruyen* las viñas, da a entender cuánto daño hacen en los hombres que no las conocen, hasta traerlos algunas veces a tanto enojo, que de enojados, como no les quita Dios las tales tentaciones, vienen por miserable consejo a consentir o casi consentir en ellas, y algunas veces pasa tan adelante este mal que, por no sufrir guerra tan cruda en el camino de Dios, lo dejan y se dan abiertamente a pecar, pensando por allí huir de ellas; o, si esto no hacen, algunos suelen venir a desesperar, por no sufrir guerra tan cruda.

d) BUSCAR UN BUEN CONFESOR

Y suele a los que tales tentaciones tienen, dar mucha pena, el haberlas de decir abiertamente a su confesor, por ser cosas tan feas que no merecen ser tomadas en lengua, y que dan gran desmayo, por su abominación, cuando se cuentan. Y, por otra parte, si no se las dicen, paréceles no ir bien confesados, y así nunca salen satisfechos de la confesión por el callar, o salen muy penados por haber dicho cosas que tanta pena les dan. Lo que estas personas cerca de esto deben hacer es buscar un confesor sabio, experimentado en las cosas de Dios, y darle a entender las tentaciones que pasan, de arte que, aunque no se digan los pensamientos de la misma manera que se piensan, porque esto no es menester y muchas veces daña y no se puede hacer, mas dígase de manera que el confesor pueda entender la enfermedad que es, y esto basta.

Y el tal confesor no debe ser áspero, ni importunarse por muchas veces que el penitente le pregunte una misma cosa, ni por otras flaquezas que estas personas escrupulosas y tentadas pueden tener; mas antes se acuerde de lo que el Apóstol dice: *Corrígele en espíritu de blandura, considerándote a ti mismo, y no seas también tentado*. Y por graves cosas que en estas personas vea, no desmaye, porque no suele el Señor olvidar sus ovejas en aquestos peligros, mas socórrelas cuando más desesperado parece estar el remedio, según yo he visto en muy muchas personas afligidas gravísimamente con estas tentaciones, aun hasta trance de desesperar. De las cuales ninguna he visto parar en mal, mas ser socorridas de Dios con entera sanidad de estos trabajos.

Ore, pues, el confesor, y busque oraciones ajenas; y encomiende al penitente la enmienda de su vida; y déle buena esperanza de parte de nuestro Señor, que él cumplirá las promesas que de su parte le dieren con fe; y enseñe al penitente que ningún pensamiento, por sucio y malo que sea, no puede ensuciar el ánima, cuando no es consentido. Y pues el penitente no consiente, mas toma mucho desplacer en aquestas cosas, antes las debe tomar en purgatorio de sus pecados y en ejercicio de paciencia, como quien está padeciendo martirio en manos de crueles sayones, que pensar que ofende a Dios en ello, o que va camino de perdición.

Y con esta cordura y sabiduría engañará el arte que el demonio como zorra trae, que era amagar para hacernos caer en infidelidad o blasfemias, o suciedades o cosas semejantes; y cuando nosotros íbamos a escudarnos de aquel golpe, penándonos mucho, desmayándonos con los tales pensamientos, descubríamos el ánima una vez o otra por la parte de la paciencia, y allí nos hería en descubierto muy a su placer como quien amaga a la cabeza y hiere a los pies. Mas contra este arte usemos de otro arte, y es no asombrarnos ni desmayarnos, ni perder la paciencia, mas cubrirnos de pies a cabeza y en todo tiempo con la fe y conformidad de la voluntad del Señor; y estar contentos de tener aquello, si el Señor es servido que lo tengamos, toda la vida.

Y así ganamos más con aquella paciencia que ganáramos con la devoción que nos quitó, y ayúdanos a crecer en el servicio de Dios el que pensaba estorbarnos. E hizo por su ocasión que, estando nuestra ánima en flor de principios, comience a dar frutos de hombres perfectos, porque nos hace desnudar de nosotros mismos y que, comiendo antes leche de devoción tierna, comemos ya pan con corteza, manteniéndonos con las duras piedras de las tentaciones; las cuales él nos traía para probarnos *si éramos hijos de Dios*, y sacamos de la ponzoña miel, de las llagas salud; y así de la tentación salimos probados y aprovechados.

Los cuales bienes no hemos de agradecer al demonio, cuya voluntad no es fabricarnos coronas, mas cadenas; sino a aquel sumo y omnipotente Bien, Dios, el cual no dejaría acaecer mal ninguno, sino para sacar mayor bien; ni dejaría a nuestro enemigo y suyo, el demonio, atribular a nosotros, sino para gran confusión del que atribula y bien del atribulado; y esto es lo que dice David: *Este dragón que formaste para que hiciesen burla de él*. Dragón llama al demonio por sus asechanzas, al cual crió Dios bueno y él se hizo malo y tentador de los buenos; mas permítelo Dios así, sacando bien de sus males, porque mientras más piensa dañar a los buenos, más provecho les hace, y queriéndolos abatir al infierno, les da ocasión que ganen el cielo; de lo cual él queda tan corrido y *burlado* que no quisiera haber comenzado el juego. Y esto es en lo que todos harán burla de él, pues por sus tentaciones aprovechó a los que pensaba dañar, *cayendo sobre su cabeza la maldad que a otros urdía, y cayendo en el lazo que armó*; y, quedando él con tristeza muerto de invidia, verá ir a los amigos de Dios, que él, tentó, cantando con alegría: *El lazo ha sido quebrado, y nosotros quedamos libres; nuestra ayuda es el nombre del Señor, que hizo el cielo y la tierra*.

b. ABIERTAMENTE SE ENOJA

Remedios:

a) TENER FE: DIOS ES NUESTRO AYUDADOR

Es tanta la invidia que de nuestro bien tienen los demonios que por todas las vías tientan que no gocemos lo que ellos perdieron; y cuando en una batalla van de nosotros vencidos o, por mejor decir, de Dios en nosotros, mueven otras y otras, para si alguna vez hallaren algún descuidado *a quien traguen*; mudan armas y género de batalla, pensando que a los que no vencieron en una vencerán en otra. Por lo cual, después que han visto que *por astucia* no han podido empecer, por estar enseñados por la verdadera doctrina cristiana, que nos enseña a ponernos en el justísimo querer del Señor, intentan *guerra más descubierta*, haciéndose *león* feroz, el cual antes era dragón ascondido. Ya no tienta de uno y va a parar en otro, mas claramente se quiere hacer temer, pensando de alcanzar *por espanto* lo que por arte no pudo. Aquí no le verán hecho raposa, mas león fiero, que con su bramido quiere espantar, como dice San Pedro: *Hermanos, sed templados y velad, porque vuestro adversario el diablo, como león bramando, rodea, buscando a quien trague; al cual resistid fuertes en la fe*. No deben ser *destemplados* ni descuidados los que tal enemigo tienen, ni deben dejar de orar al verdadero pastor, las ovejas que se ven cercadas de boca tan mala. Mas, ¿cuáles son las armas con que se vence este bravo león, para que de esta guerra, como de la pasada, vaya confundido el que pensó confundirnos? Estas son *la fe*, según dice San Pedro. Porque cuando una ánima desprecia lo que ve y confía en Dios, al cual no ve, no hay por donde el demonio le entre; mas este firme crédito y confianza en Dios la guarda muy firme y sin temor, y le hace despreciar las amenazas de los demonios, porque, como una de las principales, cosas en que él ponga sus fuerzas sea en hacer los corazones pusilánimes y desmayados, es eficacísimo remedio contra él la firme confianza en Dios, como leemos haber dicho aquel gran vencedor de demonios San Antón: La señal de la Cruz y la fe con el Señor nos es a nosotros inexpugnable muro. ¿Cómo temerá al demonio quien cree que ninguna cosa puede sin darle Dios el poder? ¿Pudieron quizá los demonios tocar en Job, o en su hacienda, o siquiera ahogar los puercos de los genesarios, sin tener licencia primero de Dios? Pues quien no puede tocar a los puercos, ¿podía tocar a los hijos?

Si el consejo de Cristo tomamos, muy seguros viviremos de este temor, porque él nos le quita diciendo: *Yo os enseñaré a quien temáis: Temed a aquel que, después de haber muerto el cuerpo, tiene poder para echar en el infierno: a éste temed*. Y quien a Dios no teme, aunque le pese, ha de temer a mundo y demonios. De manera que, creyendo muy firmemente que el demonio no puede llegar al cabello de nuestra cabeza, porque todos los tiene Cristo contados, haremos burla de los fieros del demonio, y decirle hemos que se vaya a hacer cocos a niños, que acá no conocemos sino a Dios por Señor. El temor a uno es hacerle un modo de reverencia y darle sujeción, y por esto ni en poco ni en mucho debemos temer al demonio, pues Cristo nos libertó y nos *le puso debajo los pies*; y debemos estar siempre delante de Dios humillados con su santo temor; mas para con el demonio, muy esforzados y llenos de una santa soberbia. Cosa es muy probada que a los que el demonio temen les hace mil befas, y a los que le desprecian huye, y tanto cuanto él más braveza mostrare tanto menos se debe temer. Por costumbre de meter a voces y guerra a quien le falta justicia, y querer alcanzar por amenazas lo que no ha podido por arte.

Creedme, doncella de Cristo, que cuando el demonio asombra, tomando figura de serpiente, o de toro o de león, o de otras bestias, y estorbando la oración con sonidos, y hace crujir toda la casa; y cuando impide el reposo del sueño con espanto, como al santo Job se lee que hacía; cuando en estas y otras bregas anda el demonio, no se debe temer, porque de puro vencido y temeroso lo hace, mas decirles como San Antón: «Si tuviésedes algunas fuerzas, uno solo de vosotros bastaría para pelear; mas, porque sois quebrantados de Dios, trabajáis por atemorizar, juntándoos muchos a una. Si el Señor os ha dado poder sobre mí, veísme aquí, tragadme; mas si no podéis, ¿por qué trabajáis en balde?». Verdad es que nuestras fuerzas, cotejadas con las suyas, son muy pequeñas; mas la fe nos dice, si sordos no estamos, que el Señor es *delendedor de todos los que esperan con Él*. Y si tenemos un enemigo muy sabio para hacer mal, muy fuerte, y que tanto nos aborrece, tenemos un amigo más sabio, más fuerte, y que más nos ama sin comparación. Mucho dicen que sabe el demonio, según el mismo nombre lo dice -quieren decir resabido-, pues ¿qué es su saber en comparación del abismo de la sabiduría divina que no tiene fin? Si el poder del demonio no tiene igual sobre la tierra, según se escribe en Job, el poder divino no tiene igual en el cielo ni en tierra. Muy mal nos quiere el demonio, mas mucho más nos ama Dios que él nos desama. No duerme el demonio, buscando cómo nos dañe más. Mucho velan los benditos ojos de Dios guardándonos como a sus ovejas, por las cuales derramó su preciosa sangre. Pues, si tenemos el brazo del Omnipotente con nos, ¿qué temeremos al demonio, cuyo poder es flaqueza en comparación del divino?, ¿qué temeremos de este león que *busca a quien trague*, pues nos defiende el fuerte *león de Judá*, el cual siempre vence? Y si el demonio nos cerca, Cristo está aparejado para pelear por nosotros; empero, si no perdemos la fe, como se escribe en la Santa Escriptura, la cual cuenta que, como contra el rey Josafat viniese innumerable copia de gente, tanto que él fue lleno de miedo, y dejando sus pocas fuerzas por las muchas de sus enemigos, dióse a pedir favor al Omnipotente. Y respondióle Dios por boca de un profeta de esta manera: Esto dice el Señor Dios: *No queráis temer ni haber miedo de esta muchedumbre, porque no es la guerra vuestra mas del Señor.* No seréis vosotros los que habéis de pelear, mas solamente estad con confianza, y veréis el socorro del Señor sobre vosotros. ¡Oh Judea y Hierusalem, no queráis temer ni haber miedo, que mañana saldréis y el Señor será con vosotros!

Si bien hemos oído esta divina respuesta, que a todos los que pelean en la guerra del Señor se da, veremos que, resistiendo nosotros en fe, el Señor ha de hacer la victoria, y que es gran maldad haber miedo los que tan mandados están que no lo tengan, y los que tal favor tienen. No sienten bien del poder de Dios los que, teniéndole a Él sólo por ayudador, tienen temor del cielo o tierra; ni siente bien de su verdad quien no cree esta promesa; ni siente bien de su bondad quien no cree que tiene sus ojos y su corazón puesto en nosotros. Aún cuando nos parece que más olvidados estamos, acordémonos de cómo San Antón, siendo reciamente azotado de los demonios y acoceado, alzando los ojos arriba, vio abrirse la techumbre de su celda, y entra por allí un rayo de luz, tras del cual huyeron todos los demonios, y el dolor de las llagas de él fue quitado. Y, viendo a Jesucristo nuestro Señor, díjole con entrañables sospiros: «¿Adónde estabas, buen Jesú, adónde estabas? ¿Por qué no estuviste aquí al principio, para que sanaras todas mis llagas?». A lo cual respondió el Señor diciendo: «Antón, aquí estaba, mas esperaba ver tu pelea, y porque varonilmente peleaste, siempre te ayudaré, y te haré ser nombrado por toda la redondez de la tierra». Con las cuales palabras, y con la virtud de Cristo, se levantó tan esforzado que entendió haber recobrado más fuerza que primero había perdido.

b) PENSAR LAS MUCHAS VECES QUE NOS SACÓ VICTORIOSOS

E ya que nuestra flaqueza nos hiciese sordos a todas estas consideraciones, debemos mirar las muchas veces que nos ha sacado victoriosos, y nos ha defendido de semejantes peleas. En lo cual nos da crédito que así lo hará adelante. No deja el Señor a los suyos venir a riesgo de extremos peligros, sino para que vean que nada son de sí y como no hay en ellos ni un cabello de fortaleza, ni se pueden aprovechar de los favores que en tiempos pasados de Dios han recebido; y quedan desnudos y en unas escuras tinieblas, sin hallar en qué hacer pie, mas súbitamente los levanta y fortalece más que antes estaban. Porque vean cuán fuerte es Dios en librarlos de tanta flaqueza; cuán bueno, en acordarse de los que están extremamente fatigados; cuán verdadero, en sus promesas, que promete, de no desmamparar a los que le sirven. Para que, conociendo el hombre por experiencia su propria flaqueza, no le engañe la mentira de su estimación; y experimentando la fortaleza y bondad divina, le adore y le crea, y espere en él, cuando en otro peligro se viere. Y esto afirma San Pablo haberle acaecido, diciendo: *No quiero que ignoréis, hermanos, nuestra tribulación en Asia, en que sobremanera y sobre nuestras fuerzas fuimos atribulados, tanto que nos daba pena el vivir, y nosotros, dentro de nosotros, tuvimos por cierto que no habíamos de escapar de la muerte.* Y esto acaeció así, *para que no tengamos fiucia en nosotros, mas en Dios, que da vida a los muertos; el cual nos libró de tan grandes peligros, y en el que esperamos que también nos librará de aquí adelante.*

Y en esto no se hace mucho con Dios, porque cualquier hombre que diez o doce veces nos hobiese enseñado su amor y favor en nuestros trabajos, creeríamos que nos amaba y que nos lo enseñaría también otra vez, si en trabajos nos viésemos. Y pues tan muchas veces hemos a Dios experimentado en fidelísimo en no dejarnos caer el tiempo de la tribulación, ¿por qué no le ternemos en posesión de fiel amigo para todo lo que nos puede venir? Extrema incredulidad es, y digna de grande castigo, no creer más de Dios de lo que presente con nosotros hace y nunca de lo pasado cobrar fe que no nos asegure de lo por venir, pues esta fe es la que nos hace victoriosos, la cual no nos engañará, porque los que en el Señor esperan nunca serán confundidos, y así como cuando el demonio nos quiere alzar, le vencemos abajándonos, así, mientras más él se hiciere temer, más lo despreciemos; y, mientras más nos quisiere abajar, más nos levantemos en el favor de aquel que es todo nuestro y cuyos ángeles pelean por nos. Como fue enseñado el criado del gran Eliseo, el cual tenía mucho temor de gran compaña de gente que venía a prender a su señor. Al cual dijo Eliseo: *No quieras temer, porque más son con nosotros que contra nosotros.* Y como orase Eliseo: *Abre, Señor, los ojos de este mozo porque vea, abrió Dios los ojos del mozo, y vio que estaba un monte lleno de caballería y carros enderredor de Eliseo,* los cuales eran ángeles del Señor, venidos a defender al profeta de Dios. De manera que tenemos de nuestra parte muchedumbre de ángeles, uno de los cuales puede más que todos los infernales poderes, y, lo que más es, tenemos al Señor de los ángeles, el cual, solo, puede más que los infernales y celestiales poderes, y, por tanto, abastarnos debe tanto favor para despreciar al demonio, dejado todo temor; hacernos fuertes leones contra él en virtud de Cristo, que fue manso cordero en entregarse por nosotros, y fue león fuerte en despojar los infiernos, y vencer y atar los demonios, y en defendernos como a sus amadas ovejas.

II

A QUIÉN DEBEMOS OÍR

1. PALABRA PRIMERA. DE CÓMO HEMOS DE OÍR A SOLO DIOS

Mucho nos hemos detenido en avisar que cerremos nuestras orejas de estas malas hablas; queda ahora de oír la primera palabra, en que el profeta David nos amonesta que *oyamos*. Y pues no hemos de oír a la diversidad de los ya dichos lenguajes, desearéis saber a quién hemos de oír. Brevemente digo que a solo Dios, que es suma verdad y es oído con gran provecho del que le oye, según él dice: *Oyéndome, oíme; y comed del bien, y deleitarse ha en grosura vuestra ánima; inclinad a vuestra oreja, y venir a mí. Oíd y vivirá vuestra ánima, y haré con vosotros un sempiterno concierto.*

Grandes promesas son éstas, las cuales ninguno otro que Dios basta a cumplir; y dichoso es aquel a quien les cumple y con quien hace este sempiterno concierto, el cual es que el Señor sea Dios del hombre, y el hombre tenga al Señor por Dios y por Padre. Y esto declara San Pablo diciendo: *Vosotros sois templo de Dios vivo.* Como le dice Dios: *Yo moraré entre ellos, y andaré entre ellos, y seré Dios de ellos, y ellos me serán pueblo. Por lo cual, salid de en medio de los malos, y apartaos, dice el Señor; y no toquéis cosa sucia, e yo os recibiré, y os seré Padre, y vosotros me seréis hijos y hijas, dice el Señor todopoderoso.*

No puede haber duda en estas promesas, pues el Señor todopoderoso lo dice; ni hay lengua que pueda explicar cuánta sea la merced que Dios hace en querer ser Dios de alguna persona, porque es tener un particular cuidado de ella, defendiéndola, guiándola, favoreciéndola, y capitular con ella de serle su amparo, como buen rey con sus vasallos o padre con hijos, y tornando por ella, como dicen, en presencia y ausencia con gran fidelidad, y, después de todo, darle su hacienda, para que en el cielo le herede como hijo a Padre. Por todo lo cual decía David: *Bienaventurada la gente, de la cual el Señor es Dios, y el pueblo al cual él escogió para heredad para sí.* Y así como Dios tiene cuidado de rey y de padre de aquellos de quien él es Dios, así el tener uno al Señor por Dios es reverenciar y adorar su Majestad infinita, y obedecerla como a padre y señor, y vivir confiado debajo del amparo de él, creyendo que, teniendo su Dios lo que tiene, no le podrá a él ir mal; y en fin, esperar de Dios lo que un hijo espera de su Padre.

Este concierto no es temporal, mas llámase sempiterno, porque no se acaba aunque muera la una parte, mas, comenzándose en esta temporal vida, durará en el cielo muy más perfectamente para siempre jamás.

2. ESTE OÍR ES POR LA FE

Veis aquí cuán grandes bienes nos trae el oír a Dios, y con cuánta atención debemos oír esta palabra que nos manda que oyamos. Este oír a Dios es por la *fe*; la cual no es enseñanza humana, mas divina, porque no creemos a las Escripturas como a palabras de Esaías o Jeremías, o de San Pablo o de San Pedro, ni creemos más al evangelista que fue testigo de vista de lo que escribió que al que no lo fue, mas recibimos estas palabras como dichas de Dios por la boca de ellos, y a Dios creemos en ellos. Y por eso nuestra fe imposible es dejar de ser verdadera, como es imposible la suma verdad de Dios dejar de ser.

1) La fe, fundamento de todo bien

Esta fe es fundamento de todos los bienes, y la primera reverencia que el hombre hace al Señor cuando le toma por Dios; y es fundamento tan firme de todo el edificio de Dios que no le pueden derribar vientos de persecuciones, ni ríos de deleites carnales, ni lluvias de espirituales tentaciones, mas entre todos los peligros tiene el ánima en mucha firmeza como el áncora tiene a la nao en las mudanzas del mar. Y es tanta su firmeza que *las puertas de los infiernos*, que son errores y pecados, y hombres malos y demonios, *no prevalecerán contra ella*; porque no la enseñó carne ni sangre, mas el Padre que está en los cielos, a cuyas obras y poder no hay quien resista. Esta hace a los creyentes hijos de Dios, como dice san Pablo: *Todos vosotros sois hijos de Dios por la fe que tenéis en Jesucristo*; y por ella alcanzan el cielo, pues, siendo hijos, han de ser herederos. Ésta incorpora al hombre en el cuerpo de Jesucristo, y le hace ser hermano y compañero de Él, y ser participante en la justicia y merecimientos y bienes de Cristo, a lo cual no hay igual bien.

2) Es don de Dios

Y cuando hablamos de fe, no entendáis de fe muerta, mas de la viva, la cual dice San Pablo que es *fe que obra mediante el amor*. Como cuando hablamos de hombres o de caballos, no entendemos de los muertos, mas de los que viven y sienten, y obran obras de vida. Y esta fe no es de nuestras fuerzas ni se hereda de nuestros pasados, mas obra de divina inspiración, como lo afirma en el evangelio Jesucristo nuestro Señor, diciendo: *Ninguno puede venir a mí, si mi Padre no le trajere, y yo le resucitaré en el día postrero. Escripto está en los profetas: Serán todos enseñados de Dios. Todo aquel que oyó y aprendió de mi Padre viene a mí*.

La verdadera fe cristiana no está arrimada a decir: «nací de cristianos», o «veo a otros ser cristianos, y por eso soy cristiano», y «oyo decir a otros que la fe es verdadera y por eso la creo»; porque a hombre principalmente cree, no mirando a Dios. Mas esta otra es un atraimiento divino que hace el Eterno Padre, haciendo creer con gran firmeza y certidumbre, que Jesucristo es su único Hijo, con todo lo demás que de él cree su esposa la Iglesia, en la cual está el verdadero conocimiento y culto de Dios, y fuera de ella no hay sino error y muerte y condenación. Y el que así cree es el que oyó y aprendió del Padre, y el que dicen los profetas que es enseñado por Dios. Y por eso, aunque viese titubear o caer a todos los hombres, no se turbaría él por las caídas de ellos, pues que no creía por ellos; mas, arrimándose a Dios, cree su fe con mucho deleite, aun hasta derramar de buena gana la sangre en confirmación de esta verdad. De la cual está tan cierto que ni aun por pensamiento cosa contraria le pasa, o, si pasa, es tan de paso que ninguna pena da en el corazón de quien así cree.

Esta fe debemos pedir con mucha instancia al Señor, si no la tenemos con la certidumbre ya dicha; o, si la tenemos, pedir que la conserve y acreciente, como la pedían los apóstoles diciendo: *Acreciéntanos, Señor, la fe*. Y si algún rato se atibiare, debemos convertir los ojos del entendimiento a la cierta y suma verdad de Dios, que es el sol de donde ella nace, para que sus rayos calienten y alumbren y esfuercen nuestra flaqueza y tinieblas, y nos confirmen más y más en esta verdad, con condición que, teniendo esta fe, seamos fieles al dador de ella, conociendo que lo somos por él, y no por nosotros ni por nuestros merecimientos, como lo amonesta San Pablo, diciendo: *Por gracia sois hechos salvos mediante la fe. Y entonces no es de vosotros, porque don de Dios es, no de vuestras obras, porque* ninguno se *gloríe*. De lo cual parece que ningún achaque ni ocasión pueden tener los hombres vanos para atribuir a sí mismos la gloria de este divino edificio, que somos nosotros; el cual consiste en fe y caridad, pues que la fe, que es el principio de todo el bien, es atraimiento de Dios, como dice el Evangelio, y don gracioso de él, como dice el bienaventurado San Pablo, y la *caridad*, que es el fin y perfección de la obra, tampoco es de nuestra cosecha, mas como dice el Apóstol: *es derramado en nuestros corazones por el Espíritu Santo, que nos es dado*.

3) Y obra del libre albedrío

Mas dirá alguno: Pues Dios es el que infunde la fe y caridad, ¿para qué nos amonesta la Escritura que creamos y amemos? A esto digo que para que conozcamos nuestra flaqueza e invoquemos la gracia de Dios, que por Jesucristo se da. Porque, viendo un hombre que le es puesto un mandamiento muy alto, y sus pocas fuerzas para cumplillo, aunque, cuando no había mandamiento, pensaba que podría mucho, mas ya conoce por experiencia su mucha flaqueza, y acuerda de quitar la confianza de sí, y humillarse a nuestro Señor, pidiéndole con oraciones devotas que, pues él le puso la ley, él mismo le dé la gracia y fuerza para cumplirla. No debe, pues, desmayar el hombre por la grandeza de los mandamientos de Dios, por sentir su inclinación ser contraria a ellos, mas debe trabajar con ayuno, limosnas y otros buenos ejercicios, y principalmente con importuna oración a Dios, invocando el nombre de Jesucristo, su unigénito Hijo, y pedir el don de la gracia, con que cumpla provechosamente los mandamientos de Dios, como lo aconseja San Agustín diciendo: «Si no sientes que eres traído de Dios, suplícale que traya». Y como Dios sea sumamente bueno, da de buena gana su espíritu bueno a quien se lo pide; y trae para sí al que estaba caído debajo de la pesadumbre de su propria flaqueza. Y este atraer no es forzar, mas suavemente convidar, y instigar y mover, de arte que el libre albedrío del hombre es ayudado por el movimiento de Dios a consentir y a obrar lo que Dios le inspira; mas no de tal arte forzado, que, si él quisiese contradecir el llamamiento de Dios, hobiese quien le fuese a la mano. De manera que, si el hombre consiente, Dios le instigó y le puso gana para consentir, y a él se debe la gloria; y si no consiente, a su propria flaqueza se ha de imputar, que quiso con su libertad escoger la peor parte, que fue no seguir a Dios que le llamaba. Así como si tú quisieses traer hacia ti un hombre, y le echases cuerdas tirándole hacia ti, no tan recio que lo lleves por fuerza, mas tirando algún tanto, de manera que, si él quisiere libremente seguir a tu traimiento, puédelo hacer, y diremos que tú le trajiste, porque tú le tiraste y fuiste causa que libremente fuese para ti; mas, si él no lo quisiese hacer, y tirase hacia tras, contradiciendo a tu tirar, podríalo hacer, y la culpa de ello sería propria suya, sin que de ti se pudiese quejar. Porque, según dice el Señor: *Tu perdición es de ti, y tu remedio está en mí solamente.*

II. ET VIDE

PALABRA SEGUNDA. QUE ES VER Y QUE COSA HEMOS DE VER

Si bien habéis oído las palabras ya dichas, veréis cuán necesario es el oír para agradar a Dios nuestro Señor. Ahora escuchad la segunda palabra, que dice: *Ve*. No basta estar atento a las divinas palabras de fuera y inspiraciones de dentro, que es el oír; mas conviene también tener sano el otro sentido que es ver, porque no menos son reprehendidos de Cristo los ciegos que *no ven* la luz, que los sordos que *no oyen*.

I

CON LOS OJOS DEL CUERPO

Mas no penséis que, amonestándoos que veáis, os quiere decir fiestas o mundo, porque aquel ver, ¿qué otra cosa es sino cegar, pues impide la vista del ánima? Los ojos del cuerpo basta que miren la tierra, en que se han de tornar; mas los espirituales pasen adelante y deseen el cielo donde está su deseo, según dice David: *Veré tus cielos, obra de tus dedos, la luna y estrellas que Tú fundaste.* E, si más criaturas quisiere ver, no lo impedimos, con tal que sea la vista para pasar de ellas a Dios, no para perder y olvidar a Dios en ellas; porque de esta vista dice David al Señor: *Aparta, Señor, mis ojos, porque no vean las vanidades; en el camino tuyo anímame.* Bien sabía este santo rey que el demasiado mirar es impedimento para correr con ligereza la carrera de Dios, y suele entibiar el corazón encendido y por eso dice: Avívame en tu carrera. Porque, según está claro a los experimentados, cuanto más recogidos tienen estos ojos exteriores tanto más ven con los interiores, cuya vista es más alegre y más provechosa. Lo cual es justo que fácilmente crea un cristiano, pues leemos de algunos filósofos haberse sacado los ojos del cuerpo por tener más recogido su entendimiento para contemplar. En el cual hecho debemos burlar de su error en sacarse los ojos, y aprovecharnos de su buen deseo en tener recogimiento en ellos.

Así con toda guarda debemos guardar nuestros ojos, porque no nos acaezcan los males que de la soltura suelen venir. ¿De dónde pensáis que vino la causa de la perdición al mundo? Por cierto, no de más que de una vista desordenada. *Miró* Eva al *árbol* vedado, dióle gana de comer de su fruto, porque le parecía *hermoso, comió y hizo comer a su marido y la* comida fue muerte para ellos y cuantos de ellos vinieron. No es cordura mirar lo que no es lícito desear, como parece en el santo rey David, cuyos ojos se deleitaron en mirar la mujer que se lavaba en su huerto; y tuvo después que mirar noches y días, *lavando su cama y estrado con lágrimas*, en tanta abundancia que sus ojos estaban carcomidos, como de polilla, de mucho llorar; y él dice: *Arroyos de aguas corrieron de mis ojos, porque no guardaron tu ley*. Buen consejo hobiera sido a sus ojos no deleitarse en lo que después tan caro les costó, y también lo será a nosotros pecadores, pues tan livianos somos que, tras los ojos, se nos va el corazón. Pongamos, pues, un velo entre nosotros y toda criatura, no hincando los ojos del todo en ella; por ocupallos allí, no perdamos la vista del Criador, quiero decir, nuestras devotas consideraciones que de Dios teníamos.

Y creed, por cierto, que una de las más ciertas señales de corazón recogido es la mortificación en el mirar, y del corazón disoluto, la disolución del mirar. No hay pulso que tan cierto declare lo que hay en el cuerpo cuanto el ojo declara lo que hay en el ánima, de bien o de mal. Por lo cual el esposo alaba a la esposa de los ojos, diciendo: *Tus ojos son de paloma*, dando a entender que son honestos como los de la paloma, que suelen ser negros. Miremos, pues, cómo miramos, si no queremos pagar llorando lo que pecamos mirando.

II

CON LOS OJOS DEL ÁNIMO

E si esto conviene mirar *en los ojos de fuera*, ¿cuánto más en los *interiores*, en los cuales verdaderamente está el bien o el mal mirar, y por los cuales es uno juzgado que tiene vista o que es ciego? Claro está que los fariseos a quien Jesucristo nuestro Señor hablaba, ojos tenían en la cara, mas, porque no veían con los del ánima, llámalos *ciegos, y guías de ciegos*. Y, por el contrario, el patriarca Isaac y Tobías muy clara vista tenían en los ojos del ánima, y por eso poco les dañaba estar ciegos en los ojos del cuerpo. Porque, como dijo San Antón a un ciego llamado Dídimo, que era muy sabio en las Escripturas divinas. «No es razón que toméis pena por no tener ojos del cuerpo, los cuales tienen también los gatos y los perros, y otros menores animales, pues tenéis claros los ojos del ánima, con los cuales podéis ver a Dios».

Pues de esta vista debéis de entender lo que se amonesta en la segunda palabra, que dice: *Ve*. Si la queréis cumplir, ojos tenéis que es vuestro entendimiento, que para ver a Dios os fue dado. No lo hincháis de polvo de tierra y de honras, ni lo atapéis con gruesos humores de pensamientos de cuerpo, mas sacudido de estas poquedades, que ocupan la vista, tened vuestro entendimiento claro, para emplearlo en aquel que os le dio, y que os le pide para haceros bienaventurados en él. No penséis que os desocupó Cristo en balde de las ocupaciones del mundo, y hizo que no entrásedes a moler en la tahona de las cargas del matrimonio, cuyos cuidados suelen turbar los ojos de quien anda en ellos, si muy especial gracia del Señor no tienen para cumplir bien con dos partes; mas libertóos el Señor, para que fuésedes toda suya, y vuestros ojos a Él solo mirasen, como la esposa casta a su solo esposo suele mirar.

1. DEL PROPRIO CONOCIMIENTO

1) Necesidad del propio conocimiento

Ternéis, pues, este orden en el mirar: que primero os miraréis *a vos*, y después *a Dios*, y después *a los prójimos*. Miradvos porque os conozcáis y tengáis en poco; porque no hay peor engaño que ser uno engañado en sí mesmo, teniéndose por otro del que es. Lodo sois de parte del cuerpo, pecadora de parte del ánima. Si en más que esto os tenéis, ciega estáis y deciros ha vuestro esposo: *Si te conoces, hermosa entre las mujeres, salte y vete tras las pisadas de tus manadas, y apacienta tus cabritos par de las moradas.*

No hay cosa tan de temer y temblar, como oír de la boca de Dios: *Salte y vete.* Porque si la más recia palabra de un padre para su hijo, o marido con su mujer, que la tiene en grande abundancia, es apartarla de su amparo y riquezas, diciendo: «Vete de mí, y de mi casa», ¿qué será salirse el ánima y irse de Dios, sino desterrarse de todos los bienes, y caer en todos los males? *¿Dónde iremos,* dijo San Pedro a Cristo, *que palabras de vida tenéis?* ¿Dónde iremos, Señor, que fuente de vida tienes, y tú solo la tienes? ¿Dónde iremos, alegre luz, sin la cual hay tinieblas? ¿Dónde, pan y vino, sin el cual hay hombre mortal? ¿Dónde, firmísimo amparo, sin el cual la seguridad es peligro? ¿Dónde irá la oveja, estando en todas partes cercada de los lobos, si el pastor la desabriga y alanza de sí? Recia palabra es: *Salte y* *vete*. Y semeja aquella que Cristo ha de decir el día postrero a los malos: *Idos, malditos, al fuego que os está aparejado*. Otra vez digo que no hay cosa que más deba temer, ni tanto deba trabajar por evitar quien está en la abundante y alegre casa del Señor, y debajo de su fortísimo amparo. ¿Cómo oirán sus ovejas: *Salte y vete*? Y esta salida no es cosa liviana, mas es causa de todos los males. Porque, desmamparado el hombre del amparo divino, ¿qué hará, como dice San Augustin, sino lo que hizo San Pedro cuando negó a nuestro Señor, sin conocer ni arrepentirse del mal que había hecho, hasta que el amparo y mirar divino tornó sobre Pedro caído en pecado, y olvidado en él? Y conoció que había hecho mal y haber caído, y que la causa de su cuidado había sido haber confiado de sí.

De manera que la causa porque el benigno Señor se torna riguroso en echar de casa sus hijos, es porque no se conocen, atribuyendo a sí los bienes que de él venían. Así a esta ánima dice el esposo: *Salte y vete tras las pisadas de tus manadas*; que quiere decir, que la deja ir perdida, siguiendo las obras o rastros de los pecadores, que andan juntos en sus pecados, como manadas, ayudándose en ellos unos a otros. Los cuales también serán en el día postrero atados como manojos, para ser en el infernal fuego juntamente quemados los que fueron juntos en los pecados. Dice el esposo a la tal ánima: *manadas tuyas*, porque el pecado es de nosotros, no de Dios; y el bien es de Dios y no nuestro, pues por su virtud lo hacemos. Lo cual Él quiere muy de hecho que conozcamos ser así, no tanto por lo que a Él toca, cuya gloria conoce en sí mesmo, aunque nosotros no le glorifiquemos; mas por lo que toca a nosotros, cuyo bien es muy grande conocer que de todo el bien que tenemos, no a nosotros, sino a él se debe la honra. Y si de lo que Él puso en nosotros para su alabanza, queremos edificar ídolo, *atribuyendo la gloria del incorruptible Dios a nosotros, corruptibles hombres*, no lo dejará Él sin castigo, mas dirá: «Razón es que te quedes con lo que es tuyo, y te pierdes, pues no quesiste permanecer en mí para salvarte». ¡Oh cuán de verdad se cumplen en los soberbios estas palabras, y cuán presto de espirituales se hacen carnales, de recogidos disolutos, de oro lodo; y los que solían comer con sabor pan celestial, deléitanse después en comer manjares de puercos, siéndoles cosa muy pesada no sólo obrar las obras de Dios, más aún oír hablar de Él! ¿Dónde pensáis que ha venido haber sido algunas personas castos en el tiempo de su mocedad, aunque fueron combatidos de graves tentaciones, y, venidos a la vejez, haber miserablemente caído en vilezas tan feas que ellos mismos se espantan de sí y se abominan? La causa fue que en la mocedad vivían con santo temor y humildad, y, viéndose tan al canto de caer, invocaban a Dios y eran defendidos por Él. Mas después que, con la larga posesión de la castidad, comenzaron a engreírse y confiar de sí mismos, en aquel punto fueron desamparados de la mano de Dios y hicieron lo que era proprio suyo, que es el caer.

Y entonces se cumple que *apacientan sus cabritos*, que son sus livianos y deshonestos sentidos, *cerca de las tiendas de los pastores*, que son los cuerpos, porque en ellos están los siervos de Dios como en *cabaña de campo*, que presto se muda, y no comen en casa o ciudad de reposo; y así, con mucha razón, en cuerpos y en cosas de cuerpos apacientan sus sentidos, porque perdieron por su soberbia el verdadero sentido, sintiendo de sí otra cosa que es ser nada y pecadores, robando a Dios la gloria que tan de verdad se le debe a todo lo bueno que, por libre albedrío o por gracia, hemos.

Despertad, pues, doncella, y escarmentad, como dicen, en ajena cabeza, y aprovechaos de la amenaza, porque no probéis el castigo. Sed semejable a la esposa, a la cual fueron dichas estas palabras, la cual, oída la palabra, y de boca de quien son todos los bienes: *Salte y vete*, miróse, y conocióse, y quitó de sí algunas osadías que antes tenía. Y hecha humilde con la reprehensión, consuélala el esposo, diciendo: *A mi caballería en los carros de Faraón te he asemejado, amiga mía. Hermosas son tus mejillas, como de tórtola*. Por la soberbia es una ánima semejable al demonio, el cual, como dice el evangelio, *no estuvo en la verdad*, que es Dios, mas quiso estar en sí, poniendo a sí por su arrimo y descanso. Por eso cayó; porque la criatura no puede estar en sí, sino en Dios. Mas por el conocimiento de sí es un ánima semejante a los buenos ángeles, que se arrimaron a Dios y desasiéronse de sí; porque se veían ser caña quebrada. Y túvolos Dios, y confirmólos, porque dieron voces diciendo: *Michael?*, que quiere decir: *¿Quién como Dios?*, en lo cual contradecían al malaventurado Lucifer y los suyos, que se querían hacer ídolos, atribuyendo a sí lo que era de Dios, que es ser principio, arrimo y descanso de toda criatura; no porque éstos creyesen que lo podían ser, pues que se conocían ser criaturas; mas porque se deleitan en ello, como si lo tuvieran, como suelen hacer los soberbios, que, aunque su boca y entendimiento diga a voces que de Dios tienen y esperan todo su bien, más con la voluntad ensálzanse y gózanse vanamente en sí mismos, como si de suyo tuviesen el bien;

confesando con el entendimiento que la gloria se debe a Dios, y robándosela con la voluntad. Mas los buenos ángeles claman con el entendimiento y voluntad: *¿Quién como Dios?*, porque de corazón se humillaron y desestimaron, según por el entendimiento lo conocían. Y por esto fueron ensalzados a ser participantes de Dios. Pues a esta *caballería*, que es el angélico ejército, que destruyó a Faraón y sus carros en el mar Bermejo, *asemeja* Cristo *a su esposa* cuando se conoce y se mide por cosa baja.

Y alábale *las mejillas* donde suele estar la vergüenza, porque hubo vergüenza la esposa de la tal reprehensión, por haber perdido cosas mayores que a su poquedad convenían; y de mejillas deslavadas tornáronsele vergonzosas y honestas, *como de tórtola*, que es ave honesta. Y por eso decía aquel devoto Bernardo que había hallado por experiencia no haber cosa tan provechosa para alcanzar y conservar la gracia, y recobrarla, como vivir siempre en un temor y santo recelo. Recelo cuando no la tenemos, porque estamos aparejados a todas caídas; recelo cuando la tenemos, porque hemos de obrar conforme al talento que nos es dado con ella; más recelo cuando la perdemos, porque por nuestro descuido se ha ido nuestro favor. Y por eso dice la Escriptura: *Bienaventurado el varón que siempre está temeroso*.

De lo ya dicho, y de muchas otras cosas que los santos dotores han hablado en alabanza del proprio conocimiento, veréis cuán necesaria es aquesta joya para venir al conocimiento de Dios. Y pues queréis edificar casa en vuestra ánima para este tan alto Señor, sabed que no los altos, mas los humildes de corazón, son casas suyas.

Y por tanto, el primero cuidado que tengáis sea cavar en la tierra de vuestra poquedad, hasta que, quitado de vuestra estimación todo lo movedizo que de vos tenéis, lleguéis a la firme piedra que es Dios, sobre la cual, y no sobre vuestra arena, fundéis vuestra casa. Y por esto decía el bienaventurado San Gregorio: «Tú que piensas edificar edificios de virtudes, ten primero cuidado del fundamento de la humildad; porque quien quiere ganar virtudes sin ella, es como quien llevase ceniza en su mano en contrario del viento». Lo cual dice, porque no sólo no aprovechan las virtudes sin la humildad, mas son ocasión de muy grande pérdida, así como el grande edificio sobre el pequeño y flaco cimiento es ocasión de caída. Y por tanto, conforme al alteza de las virtudes ha de ser lo bajo del cimiento de la humildad, porque la ánima esté firme, y no sea derribada con el peso de la soberbia.

2) Cómo conseguir el propio conocimiento

Y si me dijeres: ¿Dónde hallaré esta joya del proprio conocimiento?, dígoos que, aunque es de mucho valor entre el establo y entre el estiércol de vuestra poquedad y defectos la habéis de hallar. Quitad los ojos de las vidas ajenas, no os entremetáis en saber cosas curiosas, volved vuestra vista a vos misma, y perseverad en examinaros, que, aunque al principio no halléis tomo en conoceros, como quien entra de la claridad del sol a una cámara obscura; mas, perseverando en sosiego, poco a poco veréis lo que en vos hay, aunque sea en los muy secretos rincones.

a) LUGAR DONDE RECOGERSE, Y TIEMPO

Y para que sepáis el modo que cerca de esto, que tanto os va, habéis de tener, oíd a San Hierónimo que dice a una mujer casada: «De tal manera tengas cuidado de tu casa que también tengas para tu ánima algún reposo; busca algún lugar conveniente, y algún tanto apartado del bullicio de esta familia, al cual te vayas, como quien va a un puerto, huyendo de la gran tempestad de tus cuidados; y allí solamente haya lección de cosas divinas, y oración tan continua, y pensamiento de las cosas del otro mundo tan firme, que todas las ocupaciones del otro tiempo del día ligeramente las recompenses con este rato de desocupación. Y no te decimos esto para apartarte de tu casa, mas antes porque allí aprendas y pienses cómo te debes haber con ella».

Si este bienaventurado santo encomienda a una mujer casada quitar a las ocupaciones de casa algún rato y que se recoja en quieto lugar a leer y pensar cosas de Dios ¿con cuánta más razón la doncella de Cristo, que está libre de los mundanos cuidados, y que debe pensar que no vive para otra cosa sino para usar de la oración y recogimiento, debe buscar en su casa algún lugar ascondido y secreto, en el cual tenga sus libros devotos, e imágines devotas, diputado para *ver y gustar cuán suave es el Señor*? El estado de religión y virginidad que habéis tomado, no es para que estéis enlazada en ocupaciones perecederas; mas, así como es semejable cuanto a la entereza e incorrupción de la carne, así habéis de pensar que no ha de entrar en vuestro corazón cuidado de tierra, mas habéis de ser un templo vivo, en el cual se ofrezcan continuas oraciones y suenen continuos loores a aquel que os creó. Daos por muerta a este mundo, pues ya os habéis desposado con el rey celestial.

Y acordaos que dice el esposo a la esposa: *Huerto cerrado, hermana mía, esposa, huerto cerrado*. Porque no sólo habéis de ser limpia y guardada en la carne, mas también muy cerrada y recogida en el ánima. Porque virginidad se toma entre cristianos no por sí sola, mas por que ayuda para con más libertad dar el corazón a Dios. La doncella que se contenta con virginidad del cuerpo, y no vive cuidadosa en el recogimiento y gusto de Dios, ¿qué otra cosa hace, sino pararse en el camino y nunca llegar a donde va, y tener aparejo para coser y labrar, y nunca entender en ello? Cosa vergonzosa es a todo cristiano no tener ejercicio de santa lección y de santos pensamientos en su ánima; mas, en la virgen que a Cristo se ha dado, no sólo es vergonzoso, más intolerable y digno de mucho castigo. Por tanto, si queréis gozar de los frutos de la santa virginidad, que a Cristo habéis prometido, sed enemiga de ver y ser vista. Salid todo lo menos que fuere posible, no os entremetáis en temporales ocupaciones, buscad cuanto tiempo pudiéredes para os encerrar en vuestro oratorio; que, aunque al principio se os haga de mal, después probaréis que en las celdas se tratan negocios del cielo, y que ningún rato de tanto contentamiento hay como el que allí en sosiego se gasta.

Buscado, pues, este lugar quieto, recogeos en él, a lo menos dos veces al día, una por la mañana, para pensar en la sacra pasión de Jesucristo nuestro Señor, como después diremos, y otra en la tarde, en anocheciendo, a pensar en el ejercicio del proprio conocimiento. Y el modo que tornéis sea éste.

b) PRINCIPIO DE LA ORACIÓN: LECCIÓN Y REZO DE DEVOCIONES

Tomad primero algún libro de buena doctrina, en que, como en espejo, veáis vuestras faltas, y con él toméis manjar con que vuestra ánima sea esforzada en el camino de Dios. Y este leer no ha de ser con pesadumbre, ni pasando muchas hojas, mas alzando el corazón a nuestro Señor y suplicarle que os hable en vuestro corazón con su viva voz, mediante aquellas palabras que de fuera leéis, y os dé el verdadero sentido de ellas. Con aquella atención y reverencia estad atenta, escuchando a Dios en aquellas palabras que de fuera leéis, como si a Él mesmo oyérades predicar cuando en este mundo hablaba. De manera que, aunque tengáis los ojos en el libro, no peguéis en él con mucha ansia el corazón para que os haga olvidar de Dios; mas tened a lo que leéis una mediana descansada atención, que no os captive ni impida la atención libre y levantada que al Señor habéis de tener. Y leyendo de esta manera no os cansaréis, y daros ha nuestro Señor el vivo sentido de las palabras que obre en vuestra ánima, unas veces arrepintiéndose de vuestros pecados, otras confianza de ellos y de su perdón, y os abrirá el entendimiento a conocer otras muchas cosas, aunque leáis pocos renglones. Y algunas veces conviene interrumpir el leer, por pensar alguna cosa que del leer resultó, y después tornar a leer. Y así se van ayudando la lección y la oración.

Y, con el corazón así devoto y recogido, podéis empezar a entender en el ejercicio de vuestro proprio conocimiento, de esta manera. Vuestras rodillas hincadas, pensaréis a cuán excelente y soberana Majestad vais a hablar; la cual no la penséis lejos, mas que hinche cielos y tierra, y que ninguna parte hay en que no esté, y más dentro de vos que vos misma. Y considerando vuestra pequeñez, hacelle una entrañable reverencia, humillando vuestro corazón como una pequeña hormiga delante de un ser infinito, y pedir licencia para hablarle.

Comenzad primero en decir mal de vos, y rezad la confesión general, y acordándoos particularmente, y pidiendo perdón de lo que en aquel día hobierdes pecado.

Después rezad algunas devociones que debéis tener por costumbre; no tantas que demasiadamente os fatiguen la cabeza y os sequen la devoción; ni tampoco las dejéis del todo, porque sirven para despertar la devoción del ánima, y para ofrecer a Dios servicio con nuestra lengua, en señal que él nos la dio. Y por eso nos enseña San Pablo que *hemos de orar y cantar con el espíritu de la voz, y con el ánima.* Y estas oraciones no sólo sean para pedir mercedes a nuestro Señor para vos, mas por aquellos por quien tenéis especial obligación. Y otras, por toda la Iglesia cristiana, el cuidado de la cual habéis de tener muy fijado vuestro corazón, porque, si a Cristo amáis, razón es que os toque aquello por cuyo nombre derramó su sangre. Y rezados así por los vivos como por los que en purgatorio están, y otras por toda la infidelidad, que está privada del conocimiento de Dios, suplicándole traya a su santa fe a todos, pues *todos desea que sean salvos.* Y estas oraciones han de ser las más de ellas enderezadas a dos partes: una a nuestra Señora, a la cual habéis de tener muy cordial obediencia y amor, y entera confianza que os será muy verdadera madre en todas vuestras necesidades; y la otra a la pasión de Jesucristo nuestro Señor, la cual también ha de ser muy familiar refugio de vuestros trabajos, y esperanza única de vuestra salud.

Y luego, dejad de rezar con la boca y meteos en lo más dentro de vuestro corazón, y haced cuenta que estáis delante la presencia de Dios, y que no hay más de él y vos.

c) MEDITACIÓN DE LA MUERTE Y JUICIO

Pensad cómo antes que a este mundo viniésedes érades nada, y como aquella sobrepujante bondad de Dios nuestro Señor os sacó de aquel abismo de no ser, y os hizo criatura suya, no cualquiera, sino razonable. Pensar cómo os dio cuerpo y ánima, para que con lo uno y con lo otro trabajésedes de le servir.

Haced cuenta que estáis ya en el paso de vuestra muerte, lo más verdaderamente que lo pudiéredes sentir, diciéndovos a vos misma: «Llegar tiene algún día esta hora de mi acabamiento, no sé si será esta noche o mañana, y pues ciertamente ha de venir, razón es que piense en ello». Pensad cómo caeréis mala en la cama, y cómo habéis de sudar el sudor de la muerte. Levantarse ha el pecho, quebrantarse han los ojos, perderse ha el color de la cara, y con grandes dolores se apartará esta juntura tan amigable del cuerpo y del ánima. Amortajarán después vuestro cuerpo, y poneros han en unas andas, y llevarlo han a enterrar cantando unos, llorando otros. Echaros han en una breve sepultura; cobijaros han con tierra; y, después de haberos pisado, quedaros heis sola y seréis presto olvidada.

Pensad, pues, que todo esto por vos ha de pasar. ¿Qué tal estará vuestro cuerpo debajo de la tierra? Y cuán presto se parará tal que ninguno, por mucho que os quiera, no os pueda ver, ni oler, ni estar cerca de vos. Mirad allí con atención en qué para la carne y su gloria, y veréis cuán necios son aquellos que, habiendo de salir tan pobres de este mundo, trabajan acá por ser muy ricos; y habiendo de ser tan presto hollados, tienen gran sed de ponerse en más altos lugares que otros, y cuán engañados viven los que regalan el cuerpo, y se van tras sus deseos, pues que otra cosa no hicieron sino ser cocineros de gusanos, guisándolos bien el manjar que han de comer, y ganaron con sus bienes y deleites tormentos que nunca se acaban. Considerad y mirad con muy gran atención y despacio vuestro cuerpo tendido en la sepultura; y, haciendo cuenta que ya estáis en ella, mortificad los deseos de la carne cada vez que os vinieren a la memoria, con mirar qué muerto estará vuestro cuerpo; Y mortificad los deseos de agradar y desagradar al mundo, y de tener en algo cuanto en él florece, pues que tan presto y con tanto abatimiento lo habéis de dejar, y él a vos. Y considerando cómo nuestro cuerpo, después de ser manjar de gusanos, se tornará en cieno y en polvo, no miréis de ahí adelante, sino como a un muladar cubierto con nieve, y que os dé asco de acordaros de él. Y teniendo al cuerpo en esta posesión, no seréis engañada cerca de estima de él, mas ternéis verdadero conocimiento, y sabréis cómo le habéis de regir, mirando el fin en que ha de parar; como quien se pone al fin de la nao, para desde allí regirla mejor.

En esto que habéis oído ha de parar vuestro cuerpo; resta que oyáis lo que ha de acaecer a vuestra ánima, la cual será en aquella hora llena de angustias, acordándose de las ofensas que en esta vida hizo a nuestro Señor, y pareciéndole entonces muy grave lo que antes le parecía muy liviano. Será desamparada de sus sentidos, no podría servirse de la lengua para pedir socorro a nuestro Señor, y entenebrerse ha el entendimiento, que aun pensar en Dios no podría, y, en fin, poco a poco acercarse ha la hora en que por mandamiento de Dios salga del cuerpo, y se determine de ella o perdición para siempre o salud para siempre. Oír tiene de la boca de Dios: *Apártate de mí a fuegos eternos*, o: *Queda conmigo en estado de salvación*. Colgada habéis de estar de sola la mano de Dios, y en sólo Él estará vuestro remedio. Por lo cual habéis mucho de huir de enojar en vuestra vida al que a la hora de vuestra muerte habéis tanto de menester. Demonios que os acusen y que pidan justicia a Dios contra vuestra ánima, acusándoos particularmente de cada pecado, no os faltarán, y si la misericordia de Dios entonces os olvida, ¿qué haréis, oveja flaca, cercada de tan rabiosos lobos, muy deseosos de os tragar? Pensad, pues, en el rato de vuestro recogimiento, cómo en aqueste estrecho punto habéis de ser presentada delante el juicio de Dios, desnuda y sola de todas las cosas y acompañada del bien o mal que habiéredes hecho. Y decid agora a nuestro Señor que vos os presentáis agora de gana, para alcanzar misericordia en aquella hora que por fuerza habéis de salir de este mundo. Haced cuenta que sois un ladrón, a quien han tomado en el hurto, y le presentan ante el juez, las manos atadas; o una mujer, que la halla su marido haciéndole traición; los cuales, de confundidos, no osan alzar los ojos ni pueden negar su delito; y creed que muy más claramente os ha visto Dios en todo lo que contra Él habéis pecado que pueden ningunos ojos de hombres ver cosa que delante de Él se hiciese. Y por haber sido mala en la presencia de tanta bondad, cubríos de la vergüenza que entonces perdistes, y sentid en vos confusión de vuestros pecados, como quien está delante la presencia de nuestro Señor. Acusaos vos como habéis de ser acusada; y especialmente traed a la memoria los pecados más graves que hobiéredes hecho. Juzgaos y sentenciaos por mala, y abajad vuestros ojos a considerar los infernales fuegos, creyendo que los tenéis muy bien merecidos.

Poned en una parte los bienes que Dios os ha hecho desde que os crió, descurriendo por vuestro cuerpo y vuestra ánima, cómo debíades de servir a nuestro Señor con todos los miembros y potencias vuestras, cómo érades obligada a reverenciarlo y serle agradecida, y amarle con todo vuestro corazón, sirviéndole con toda obediencia, guardando su santa ley. Mirad cómo os ha mantenido, con otros mil bienes que os ha hecho, y de males que os ha librado; y, sobre todo, cómo, por convidaros a que fuésedes buena, vino el mismo Señor al mundo, haciéndose hombre; y por daros ejemplo, convidándoos que le sirviésedes y remediaros de la ceguedad en que vos habíades caído, pasó muchos trabajos y derramó muchas lágrimas, y después su sangre, perdiendo la vida por vos. Todo lo cual se ha de poner el día de vuestra muerte y juicio en una balanza, haciéndoos cargo de ello como de recebido, y hanos de pedir cuenta de cómo habéis servido tantas mercedes, y como habéis usado de vos misma a servicio de Dios, y con qué cuidado habéis respondido a tanta bondad con que Dios ha querido salvaros. Mirad bien, y veréis cuánta razón tenéis de temer, Pues que no sólo no habéis respondido con servicios conformes a estas deudas, mas habéis dado males en pago de bienes, y despreciado al que tanto os preció, huyendo y volviendo las espaldas a quien os seguía para vuestro bien.

¿Qué gracias os parece que se deben dar a quien por su infinita misericordia nos ha librado, de los infiernos, habiéndolos nosotros justamente merecido? ¿Qué daremos a quien tantas veces tendió su mano para que los demonios no nos ahogasen y llevasen consigo? Y, siendo nosotros crueles ofendedores de su Majestad, Él nos fue piadoso padre y dulce defensor. Pensad que quizá están algunos en los infiernos con menos pecados que vos. Y de tal manera os mirad y servid a Dios como si hobiérades por vuestros pecados entrado en el infierno, y Él os hobiera sacado de allá; porque todo es una cuenta: haber estorbado que no vais allá, mereciéndolo vos, o sacaros de allá, por su gran misericordia.

Y si contejando los bienes que con vos Dios ha hecho y los males que vos a Él, no sintieres vergüenza y dolor como deseáis, no os turbéis por ello, mas perseverad en aqueste juicio, y presentad delante los ojos de Dios vuestro corazón tan llagado y tan adeudado. Suplicadle que os diga Él quién vos sois y en qué posesión os habéis de tener. Porque el efecto de este ejercicio no es solamente entender que sois mala, mas sentirlo y gustarlo con la voluntad, y hallar tomo en vuestra maldad e indignidad, como quien tiene un perro muerto a sus narices. Y por eso estas consideraciones que os he dicho no han de ser apresuradas, trabajando luego por llegar a cosas semejantes, mas han de ser largas y despacio, y con mucho sosiego, para que poco a poco se vaya embebiendo en vuestra voluntad aquel desprecio o indignidad que con el entendimiento pensastes. El cual pensamiento habéis de presentar delante de Dios, pidiéndole y esperándole que Él lo asiente y haga embeber en vuestra voluntad, estimándoos de ahí adelante, con mucha sencillez y verdad, como una persona muy mala o indigna de todo bien, y merecedora de todo desprecio y tormento, y como una cosa infernal, maravillándoos mucho de la infinita benignidad del Señor, cómo a un gusano hediondo no lo alanza de sí, más maniénelo y regálalo, y le hace mercedes, todo para gloria de Él, sin que tengamos nosotros de qué gloriarnos.

d) EXAMEN COTIDIANO

Para acabar este ejercicio de proprio conocimiento, dos cosas os restan que oyáis: la una, que no se debe contentar el cristiano en entrar en juicio delante de Dios para acusarse de los pecados pasados, mas también de los que cada día comete. Y por maravilla hallaréis cosa tan provechosa para enmienda de la vida como tornarse el hombre cuenta de cómo lo gasta y de los defectos que hace, porque el ánima que no es cuidadosa en examinar sus pensamientos y palabras y obras, es semejable a la viña del hombre perezoso, de la cual dice el Sabio *que pasó por ella, y vio su seto caído, y a ella llena de espinas*.

Haced cuenta que os han encomendado una niña, hija de un rey, para que tengáis cuidado continuo de mirar por sus costumbres; y que, a la noche, le pedís cuenta, reprehendiéndola de sus faltas y amonestándole las virtudes. Miraos como a cosa encomendada por Dios, y haceos entender que no habéis de vivir sin regla, mas debajo de santas dotrinas y diciplina; y entrad en capítulo con vos a la noche, juzgándoos muy particularmente, como haríades contra tercera persona. Reprehendeos de vuestras faltas, y predicaos a vos misma con muy mayor cuidado que a otra persona alguna, por mucho que la améis. Y donde sintiéredes que más faltáis, allí poned mayor remedio. Porque creed que, durante este examen y reprehención de vos mismo, no podrán durar mucho vuestras faltas sin ser remediadas.

Y aprenderéis una *ciencia* muy saludable que os haga llorar y no *hinchar*; la cual os guardará de la peligrosa enfermedad de la soberbia, que entra poco a poco, pareciéndose un hombre bien a sí mismo. Velad sobre aquesta entrada, y guardaos con todo cuidado no os parezcáis bien vos a vos misma, mas con la lumbre de la verdad sabeos reprehender y desaplaceros; y seros ha vecina la misericordia de Dios, al cual aquellos solos parecerán bien, que a sí solos parecen mal, y a aquéllos perdona sus faltas con largueza de bondad, que las conocen y se humillan por ellas en el juicio de la verdad.

Y escaparéis de otros dos vicios que suelen acompañar a la soberbia, que son desagradecimiento y pereza, porque, conociendo y reprehendiendo vuestros defetos, veréis vuestra flaqueza y indignidad, y escaparéis de soberbia, y veréis la misericordia grande de Dios en sufriros y perdonaros, y haceros bienes, mereciendo vos males; y seréis agradecida al hacerdor de tantas gracias. Y mirando el poco bien que hacéis, y males en que caéis, despertaréis del sueño de la pereza, y comenzaréis cada día de nuevo a servir a nuestro Señor, viendo cuán poco habéis hecho en lo pasado.

Y por esto, y por otros muchos bienes que de conocerse el hombre suelen nacer, siendo preguntado un santo viejo de los pasados dónde estaría uno más seguro, en la soledad o compañía, respondió: «Si se sabe reprehender, donde quiera estará seguro; y si no, donde quiera estará a peligro».

Porque por el mucho amor que nos tenemos, no sabemos conocernos y reprehendernos con aquel verdadero juicio que requiere la verdad, debemos suplicar al Señor que nos reprehenda Él con amor, para que sintamos de nosotros lo que, según verdad, debemos sentir. Y esto es lo que Hieremías pedía, diciendo: *Corrígeme, Señor, en juicio, y no en furor; porque por ventura no me tornes nada.* Corregir *en furor* pertenece al día postrero, cuando enviará Dios al infierno a los malos por sus pecados; y corregir *en juicio* es reprehender en este mundo a los suyos con amor de padre a sus hijos. La cual reprehensión es un testimonio tan grande de amar Dios al que reprehende que ninguno hay tan seguro y cierto en esta vida, y suele ser víspera de grandes mercedes de Dios. Así cuenta San Marcos que, apareciéndoles nuestro Señor Jesucristo a sus discípulos, *los reprehendió de incredu-*

lidad y dureza de corazón; después de lo cual les dio poder para hacer obras maravillosas. Y el profeta Esaías dice que *el Señor lava las suciedades de las hijas de Sión, y la sangre de en medio de Jerusalén en espíritu de juicio y en espíritu de ardor*, dando a entender que el lavar el Señor nuestras manchas, viniendo a nosotros, es dando a entender primero quién somos, y esto es en juicio, y *espíritu de ardor*, que es amor. Y así nos lava sin que podamos atribuir a nosotros cosa buena, pues nos ha dado a entender primero nuestra indignidad.

Y esta reprehensión no entendáis ser alguna que desmaye y demasiadamente entristezca el ánima, trayéndola desabrida; mas es un sosegado conocimiento de las proprias faltas que así avergüenza al reprehendido y le pone espuelas para con mayor diligencia servir al Señor, que le da muy gran confianza que el Señor le ama como a hijo, pues usa con él oficio de padre, según está escripto: *Yo a los que amo corrijo*.

Sed, pues, cuidadosa en miraros y reprehenderos, y presentándoos delante la presencia de Dios, delante del cual es más seguro el humilde conocimiento de nuestras faltas que la soberbia justicia de nuestras buenas obras. Y no seáis como algunos amadores de su propria estima, que, por no parecerse mal a sí mismos, se huelgan en pensar mucho otras cosas devotas, y pasan por el conocimiento de sus defetos, porque no hallan en ellos sabor, pues no aman su proprio desprecio; como, a la verdad, ninguna cosa hay tan segura, ni que así haga que aparte Dios sus ojos de nuestros pecados, como mirarnos nosotros y reprehendernos, según está escripto: *Si nos juzgásemos nosotros mismos, no seríamos juzgados de Dios*.

e) CONOCIMIENTO DE NUESTRAS BUENAS OBRAS

Lo segundo que habéis de mirar cerca de este conocimiento es que, aunque es bueno y provechoso, pues por él recebimos perdón de nuestros pecados, mas tiene esta falta, que se funda sobre haber pecado. Y no es mucho de maravillar, que un pecador se conozca y estime por pecador, mas sería muy grande monstruo que, siéndolo, se estimase por justo; como si un hombre lleno de lepra se estimase por sano. Por tanto no nos hemos de contentar con estimarnos en poco en nuestros pecados, mas aún mucho más hemos de mirar esto en nuestros bienes, conociendo profundamente que ni nuestros pecados son de Dios, ni los bienes nuestros son de nosotros; y de todo lo bueno que en nosotros hobiere, dar perfectamente la gloria al *Padre de todas las lumbres, del cual procede todo don bueno y dádiva perfeta*. De arte que, aunque nosotros tengamos el bien, lo tratemos tan fielmente, que no nos alcemos con la gloria de Dios; ni se nos pegue como dicen, la miel en las manos.

Esta humildad no es de pecadores como la primera, mas de justos; y no sólo la hay en este mundo, mas en el cielo; porque de ella se escribe: *¿Quién como el Dios nuestro, que mora en las alturas, y mira las cosas humildes en el cielo y en la tierra?* Ésta tuvo en pie a los ángeles buenos, y los hizo dispuestos para gozar de Dios, pues le fueron sujetos, y la falta de ella derribó a los ángeles malos, porque se quisieron alzar con la honra de Dios. Ésta tuvo la sagrada Virgen María nuestra señora, que siendo predicada por *bienaventurada y bendita* por la boca de Santa Isabel no se hinchó ni atribuyó a sí gloria alguna de los bienes que en ella había, mas con humilde y fidelísimo corazón enseña a Santa Isabel y al mundo un verso, que de las grandezas que ella tenía, no a sí, mas a Dios se debía la gloria, y con profunda reverencia comienza a cantar: *Mi ánima engrandece al Señor*.

Y esta misma, muy más perfeta, tuvo Jesucristo su Hijo, nuestro Señor, el cual, así sus buenas obras como sus buenas palabras fidelísimamente predicaba al mundo que las había recibido del Padre, diciendo: *Mi dotrina no es mía, mas de aquel que me envió*. Y en otra parte dice: *Las palabras que yo os hablo, no las hablo de mí mismo, mas del Padre que está en mí. Él hace las obras*. Y así convenía que el remediador de los hombres fuese muy humilde, pues que la raíz de todos los males es la soberbia. Y queriendo dar a entender cuánto más convenga esta santa y verdadera humildad, Él se hace particularmente maestro de ella, y se nos pone por ejemplo de ella, diciendo: *Aprended de mí, que soy manso y humilde de corazón*; porque, viendo los hombres a un maestro tan sabio encomendar tan particularmente esta virtud, trabajasen por la tener; e viendo que un señor tan grande no atribuye el bien a sí mismo, ninguno haya tan desvariado que tal maldad ose hacer.

Aprended, pues, sierva de Cristo, de vuestro maestro y señor, aquesta santa bajeza, para que seáis ensalzada, porque palabra suya es: *Quien se humillare, será ensalzado*. E tened en vuestra ánima aquesta pobreza, porque de ella se entiende: *Bienaventurados los pobres en el espíritu, porque de ellos es el reino de los cielos*. E tened por cierto que, pues Jesucristo nuestro Señor fue por camino de humildad ensalzado, el que no la tuviera fuera va de camino; e débese desengañar con lo que dice San Augustín: «Si me preguntardes cuál es el camino del cielo, responderos he que la humildad; o si otra vez me lo preguntardes responderos he que la humildad; e si tercera vez me lo preguntardes, responderos he lo mismo; e si mil veces me lo preguntardes, mil veces os responderé que no hay otro camino sino la humildad».

E porque creo que deseáis agradar al Señor teniendo aquesta santa bajeza, es razón que se os diga el modo que para ello tendréis.

Y sea primero, pedírsela con importuna y fiel oración al dador de los bienes, porque éste es un muy particular don suyo. Y aun el conocer que lo es, no es pequeña merced. La experiencia que los que son tentados de soberbia tienen, da bien claro a conocer que no hay cosa más lejos de nuestras fuerzas que esta verdadera y profunda humildad, y que muchas veces acaece, con los remedios que ellos ponen para la alcanzar, huir ella más; y aun del mismo humillarse les suele nacer su contrario, que es la soberbia. Por lo cual de tal manera tomad los ejercicios para alcanzar esta joya, que no los dejéis de hacer, diciendo: «¿Qué me aprovecha, pues es dádiva de Dios»?, ni tampoco los hagáis poniendo confianza en vuestro brazo de carne, mas en aquel que suele dar sus dádivas a los que da gracia para se las pedir y para entender en los buenos ejercicios.

1. *Consideración de nuestro «ser»*

El modo pues que ternéis será éste. Considerad tres cosas por orden: una el *ser*, otra el *bien ser*, otra el *bienaventurado ser*.

Cuanto a lo primero, debéis de pensar qué érades antes que Dios os criase, y hallaréis ser un abismo de nada y privación de todos los bienes. Estaos un buen rato sintiendo este *no ser*, hasta que veáis y palpéis vuestra nada. Y después considerad cómo aquella poderosa y dulce mano de Dios os sacó de aquel abismo profundo, y os puso en el número de sus criaturas, dándoos verdadero y real ser. Y miraos a vos, no como a hechura vuestra, sino como una dádiva de Dios, que os hizo merced de vos a vos. Y por tan ajeno de vuestras fuerzas mirad vuestro ser como miráis el ajeno, creyendo que tan poco pudistes criaros a vos como criar a otro. Y tan poco podíades salir de aquellas tinieblas de aquel no ser como los que se quedaron en ellas, teniéndonos por igual de vuestra parte a las cosas que no son, atribuyendo a Dios la ventaja que les lleváis. E mirad que, después de criada, no penséis que ya os tenéis en vos misma, porque no menos necesidad tenéis de Dios cada momento de vuestra vida para no perder el ser que tenéis que la tuvistes para, siendo nada, alcanzar el ser que tenéis. Entrad dentro de vos misma y considerad cómo sois una cosa que tiene ser y vive: y preguntaos: «¿Esta criatura está arrimada a sí, o a otro? ¿Susténtase en sí o ha menester mano ajena?». Y responderos ha el apóstol San Pablo que *no está lejos Dios de nosotros, mas que en él vivimos, y nos movemos, y tenemos ser*. E considerad a Dios, que es ser que es, y sin Él hay nada; y es fuerza de todo lo que algo puede, de todo lo que es, y sin Él hay nada; y que es vida de todo lo que vive y sin Él hay nada; y fuerza de todo lo que algo puede y sin *Él hay flaquezas*; e bien entero de todo lo bueno, sin el cual no se puede ver el más pequeño bien de los bienes, porque él es causa de todos. Y por esto dice la Escriptura: *Todas las gentes son delante de Dios como si no fuesen, y en nada y en vanidad son reputadas delante de Él*. Y en otra parte está escripto: *El que piensa que es algo, como sea nada, él se engaña*. Y el profeta David decía hablando con Dios: *Yo soy delante de ti como nada*. En las cuales partes no habéis de entender que las criaturas no tengan ser o vida, o operaciones proprias o distintas de las de su criador; mas, porque lo que tienen no lo hobieron de sí, ni lo pueden conservar de sí, dícese no ser, que quiere decir que tienen el ser de mano de Dios, y no de la suya.

Sabed, pues, ahondar bien en el ser que tenéis, y no paréis hasta hallar el fundamento postrero, que como firmísimo e indificiente, y no fundado sobre otro, mas fundamento de todos, os sustentará que no cayáis en el pozo profundo de la nada, de la cual primero os sacó. Conoced este arrimo que os tiene, y esta mano que, puesta encima de vos, os hace estar en pie, y confesad con David: *Tú, Señor, me hiciste, y me pusiste tu mano sobre mí*. Y pensad que estáis ya tan colgada de esta virtud de Dios que, si ella faltase, en aquel momento vos faltaríades, como se quita la lumbre que había en la cámara cuando sacan de ella la hacha que la alumbraba, o como se quita la lumbre de sobre la tierra por la ausencia del sol. Adorad, pues, a este Señor con reverencia profunda como a principio de vuestro ser, y amarle por continuo bienhechor vuestro y por conservador de él; y llamadle con corazón y con lengua: Virtud mía, en que me sostengo.

2. Nuestro «bien ser»

Si con cuidado habéis entendido en el conocimiento de vos, para atribuir a Dios la gloria del ser que tenéis, con mucho mayor debéis entender que el *bien ser* que tenéis no es de vos, mas graciosa dádiva de la mano del Señor. Porque, si atribuís a él la gloria de vuestro ser, confesando que no vos, mas *sus manos os hicieron*, y apropriáis para vos la honra de vuestras buenas obras, creyendo, que a vos se debe la gloria de ellas, mayor honra tomáis para vos que dais a Dios, cuanto es mayor el bien ser que el ser. Por tanto, conviene que, con grandísima vigilancia, entendáis a conocer a Dios por causa de vuestro bien vivir, de arte que no se os quede asida en vuestras manos punta ni repunta de loca soberbia, mas así como conocéis que ningún ser, por pequeño que sea, podéis tener de vos, si Dios no os le da, así también conozcáis que no podéis tener de vos el menor de los bienes, si el potentísimo y cumplido bien, Dios, no abre su mano para os lo dar.

Pensad que así como lo que es nada no tiene ser natural entre las criaturas, así el pecador, por mucho estado y bienes que tenga, faltándole la gracia, es contado por nada delante los ojos de Dios. Lo cual dice San Pablo de esta manera: *Si tuviera profecía, y conociese todos los misterios y toda la ciencia, y tuviese toda la fe, tanto que pase los montes de una parte a otra, y no tuviere caridad, nada soy*. Lo cual es tanta verdad que aun el pecador es menos que nada, porque peor es mal ser que el no ser. Ningún lugar hay tan bajo ni tan apartado, ni tan despreciado en los ojos de Dios, entre todo lo que es y no es, como el que vive en ofensa de Dios, estando desheredado del cielo y sentenciado al infierno.

Y para que tengáis alguna cosa que os despierte algo en el conocimiento de este miserable estado, pensad, cuando alguna cosa muy contra razón y desordenada viéredes, que muy más fea y abominable cosa es estar en desgracia y enemistad de nuestro Señor. Oís decir de algún hurto o traición, o maldad que alguna mujer a su marido hace, o desacato que algún hijo hace contra su padre, o algunas cosas de esta manera, que a cualquier, por ignorante que sea, parecen muy feas por ser contra toda razón. Pensad vos que ofender a Dios en un solo pecado mortal es mayor fealdad, por ser contra su mandamiento y reverencia, y agradecimiento que se le debe como a padre, señor y esposo, y bienhechor y amigo, que todas las cosas que pueden acaecer en el mundo por ser contra sola razón. Y, pues veis cuán desestimados son de todos los que tales fealdades cometen, teneos por una cosa muy despreciada y sumíos en el profundo abismo de vuestro desprecio, que se debe al ofendedor de Dios. Y así como para conocer vuestra nada os acordastes del tiempo en que no teníades ser, así para conocer vuestra culpa, os acordad del tiempo, cuando viviades en ella, y mirad, cuan entrañable y profundamente pudiéredes, con mucho espacio, en cuán miserable estado estuvistes, cuando delante de los ojos de Dios estábades feas y desagradable, y contada por nada y menos que nada; porque ni los animales, por feos que sean, ni otros criaturas, por más bajas que sean, no han hecho pecado contra nuestro Señor, ni están obligadas a fuegos eternos, como vos estábades; y despreciaos y abajaos en el más profundo lugar que pudiéredes, que seguramente podéis creer que, por mucho que os despreciéis, no podréis bajar al abismo del desprecio que merece la ofensa de una cosa infinita que es Dios. Y, después de haber bien sentido en el ánima y embebídose en ella aquesta desestima de vos misma, alzad vuestros ojos a Dios, considerando la infinita fuerza que de pozo tan hondo os sacó, siendo para vos cosa imposible, y mirad aquella bondad infinita que con tanta misericordia os sacó, sin haber en vos merecimiento. Porque, antes que os diese él su gracia, ¿qué cosa podíades vos hacer que no fuese mala? O, si era buena, era imperfecta y muerta, y no agradable. Sabed que quien *os sacó de vuestras tinieblas a su admirable lumbre*, y os hizo de enemiga amiga, y de esclava hija, y del no ser, en cuanto tocaba a la gracia de Dios, os hizo tener ser agradable en sus ojos, Dios fue. Y la causa porque lo hizo no fueron vuestros merecimientos pasados, ni el respeto de los servicios que le habíades de hacer; mas fue por su sola bondad, y merecimiento de nuestro único medianero Jesucristo nuestro Señor. Contad por vuestro el mal estado en que estábades, y contad al infierno por lugar debido a vuestros merecimientos, que lo que demás de esto es a Dios y a su gracia es conocer por deudora. Oíd lo que dice el Señor a sus amados discípulos y a nosotros en ellos: *No vosotros me escogistes a mí, mas yo a vosotros*. Mirad lo que dice el apóstol San Pablo: *Justificados sois de balde por la gracia de Dios, por la redención que está en Jesucristo*. Y asentad en vuestro corazón que así como tenéis de Dios el *ser*, sin que atribuyáis a Dios gloria de ello, así tenéis de Dios el *ser algo delante de sus ojos*, todo para gloria de él; y traed en la lengua y en el corazón lo que dice San Pablo: *Por la gracia de Dios soy lo que soy*. Considerad que así como cuando érades nada no teníades fuerzas para moveros, ni para ver, ni para oír ni gustar, ni entender ni querer, mas dándoos Dios el ser os dio aquestas potencias y fuerzas, así no sólo está el pecador privado del ser agradable delante los ojos de Dios, mas está sin fuerzas para obrar obras de vida que agraden a Dios.

Si algún cojo viéredes, o manco, pensad que así está el pecador en su ánima. Si algún ciego, sordo o mudo, tomaldo por espejo en que os miráis. Y en todos los enfermos, leprosos, paralíticos, y que tengan los cuerpos corvados y los ojos puestos en tierra, con toda la otra muchedumbre de enfermedades que se presentaban delante el acatamiento de Jesucristo, nuestro verdadero médico, otra no entendáis principalmente sino que tales están los pecadores, cuanto a los espirituales sentidos, cuales estaban aquellos en los corporales. Y mirad, como una piedra con el peso que tiene es inclinada a ir hacia bajo, así, por la corrupción del pecado original que traemos, tenemos una vivísima inclinación a las cosas de nuestra carne y de nuestra honra, y de nuestro provecho, haciendo ídolo de nosotros, y obrando nuestras obras no por amor verdadero de Dios, sino por el nuestro estamos vivísimos a las cosas terrenales, y que nos tocan, y muertos para el gusto de las cosas de Dios; manda en nosotros lo que había de obedecer, y obedece a lo que había de mandar. Y estamos tan miserables que, debajo de cuerpo humano y derecho, traemos apetitos de bestias y corazones encorvados hacia la tierra. ¿Qué os diré sino que en cuantas cosas faltas, y feas, y secas, y desordenadas viéredes, en tantas miréis y conozcáis la corrupción y desorden que el hombre que está en pecado tiene en sus sentidos y obras? Ninguna cosa de éstas veáis que luego no entréis en vuestra ánima a considerar que/aquello sois vos de vuestra parte, si Dios no os hobiera dado salud; e, si verdaderamente estáis sana, habéis de conocer que quien os abrió los sentidos para las cosas de Dios, quien subjetó los afectos debajo de vuestra razón, quien os hizo amargo lo que era dulce y os puso gana en lo que antes tan desabrida estábades, obrando en vos obras nuevas, Dios fue, según dice San Pablo: *Dios es el que obra en nosotros el querer, y el acabar, por su buena voluntad.*

Gracia y libre albedrío

No entendáis por esto que el libre albedrío del hombre no obre cosa alguna en las obras buenas, porque esto sería grande ignorancia y error; mas dícese que *Dios obra al querer y al acabar*, porque él es el principal obrador en el ánima del justificado, y el que mueve y suavemente hace que el libre albedrío obre y sea su ayudador, como dice el bienaventurado San Pablo: *Ayudadores somos de Dios*. Lo cual hace *incitándole* Dios a que dé libremente su consentimiento en las buenas obras. Por eso obra el hombre, porque de su voluntad y libre albedrío quiere lo que quiere y obra lo que obra; mas Jesucristo obra más principalmente, produciendo la buena obra, y ayudando al libre albedrío, para que también lo produzga; y la gloria de lo uno y de lo otro a sólo Jesucristo se debe. Por tanto, si queréis acertar en aquesto, no queráis escudriñar qué bienes tenéis de naturaleza y libre albedrío, y qué bienes de gracia; mas a ojos cerrados, regíos por la sagrada fe, que nos amonesta que de los unos y de los otros hemos de dar la gloria a Dios, y que nosotros *de nosotros mismos no somos suficientes ni aun para pensar un buen pensamiento.* Mirad lo que dice San Pablo, reprehendiendo al que se atribuye a sí algún bien: *¿Qué tienes que no lo hayas recebido? Y pues lo has recibido, ¿de qué te glorias como si no lo hobieras recebido?* Como si dijese: «Si tienes la gracia de Dios, con que le agradas y haces obras muy excelentes, no te glories en ti, mas en quien te la dio, que es Dios. Y si te glorias de usar bien de tu libre albedrío, en consentir con él a los buenos movimientos de Dios y su gracia, tampoco te glories en ti, mas en Dios, que hizo que tú consintieses, e incitándote y moviéndote él suavemente, y dando él mismo libre albedrío con que tú libremente consientas. Y si te quieres gloriar que, pudiendo resistir al buen movimiento e inspiración de Dios, no lo resististe, tampoco te debes gloriar, pues eso no es hacer, mas dejar de hacer; y aun esto también lo debes a Dios que, ayudando a consentir en el bien, te ayudó para no resistillo. Y cualquier buen uso de tu libre albedrío, en lo que toca a tu salvación, dádiva es de Dios, que desciende de aquella misericordiosa predestinación con que determinó *ab aeterno* de te salvar. Sea, pues, toda tu gloria en solo Dios, de quien tienes todo el bien que tienes; y piensa que, sin él, no tienes de tu cosecha sino nada y vanidad y maldad».

Y con esto concuerda lo que dice una glosa sobre aquello de San Pablo: *El que piensa ser algo, como no sea nada, a sí mesmo se engaña*; que el hombre de sí mesmo no es sino vanidad y pecado, y, si alguna cosa más es, por merced y gracia del Señor lo es. Ítem dice San Agustín: «Abrísteme los ojos, luz, y despertásteme y alumbrásteme. Y vi que es tentación la vida del hombre en esta tierra, y que ningún hombre se puede gloriar delante de ti, ni es justificado todo hombre que vive, porque, si algún bien hay chico o grande, don tuyo es. Y lo que es nuestro, no es sino mal. ¿Pues de dónde se gloria todo hombre? ¿Por ventura de mal? Esta no es gloria, sino miseria. ¿Pues gloriarse ha del bien? No, porque es ajeno. Tuyo es, Señor, el bien, tuya es la gloria». Y, concordando con esto, dice el mesmo San Augustín: «Yo, señor Dios mío, confieso a ti mi pobreza, y a ti sea toda la gloria, porque tuyo es todo el bien que yo haya hecho. Yo confieso, según me has enseñado, que otra cosa no soy sino toda vanidad y sombra de muerte, y un tenebroso abismo, y *tierra vana y vacía* que, sin tu bendición, no hace fruto, sino confusión y pecado y muerte. Si algún bien en cualquier manera tuviere, de ti lo recebí. Cualquier bien que tengo tuyo es, de ti lo tengo. Si algún tiempo estuve en pie, por ti lo estuve, mas, cuando caí, por mí caí. Y siempre me hobiera estado caído en el lodo, sino me hobieras levantado; y siempre fuera ciego, si tú no me hobieras alumbrado. Cuando caí nunca me hobiera levantado, si tú no me hobieras dado tu mano. Y después que me levantaste siempre hobiera caído, si no me hobieras tenido. Muchas veces me hobiera perdido, si tú no me hobieras guardado. Y así, Señor, siempre tu gracia y tu misericordia anduvieron delante de mí, librándome de todos los males, sacándome de los pasados, y despertando de los presentes, y guardándome en los por venir; y cortando delante de mí los lazos de los pecados, quitando las ocasiones y causas. Porque si tú, Señor, esto no hobieras hecho, todos los pecados del mundo hobiera yo hecho, porque sé que ningún pecado hay que en cualquier manera haya hecho un hombre, que no lo pueda también hacer otro hombre, si se aparta el guiador, por el cual es hecho el hombre. Mas tú heciste que yo no lo hiciese, y tú mandaste que me abstuviese, y tú me infundiste gracia para que te creyese, porque tú, Señor, me regías para ti, y me guardabas para ti, y me diste gracia y lumbre para no cometer adulterio y todo otro pecado».

3. Nuestro «bienaventurado ser» por la predestinación

Considerad, pues, doncella, con atención estas palabras de San Augustín, y veréis cuán ajena debéis de estar de atribuir a vos gloria alguna, no sólo de levantaros de vuestros pecados, mas del teneros que no tornásedes a caer. Porque así como os dije que, si la mano de Dios de vos se apartaba, en aquel punto tomaríades al abismo de vuestra nada, en que antes estábades, así, apartando Dios de vos su guarda, tomaríades a los pecados, y otros peores, de donde Él os sacó. Sed por eso humilde y agradecida a este Señor, de quien tanta necesidad en todo tiempo tenéis, y conoced que estáis colgada de Él y todo vuestro bien depende de su mano bendita, según decía David: *En tus manos, Señor están, mis suertes*. Y llama *suertes* a la gracia de Dios, a la eterna predestinación, las cuales vienen por la sola bondad de Dios, y se conceden a aquel a quien él con su justo, aunque oculto juicio, es servido de dallas, y así como si él os quita el ser que os dio, tornaréis nada, así, quitándoos la gracia, quedaréis pecadora, y quitándoos su predestinación, quedaréis reprobada y condenada. Lo cual no se os dice para que cayáis en desmayo y desesperación por ver cuán colgada estáis de las manos de Dios, mas para que tanto con mayor seguridad gocéis de la gracia que Dios os ha dado, y tengáis confianza en la misericordia de él, que acabará en vos lo que ha comenzado, y os hará merced de os llevar al cielo, cuanto con mayor humildad y profunda reverencia y santo temor estuviéredes prostrada a sus pies, temblando de vuestra parte y confiando de la suya. Porque ésta es una cierta señal que no os desmamparará su infinita bondad según lo cantó aquella bendita y sobre todos humilde María, diciendo: *La misericordia de él de generación en generación sobre los que le temen.* Y, si con estas consideraciones ya dichas no halláredes en vos vivo el fruto del proprio desprecio que deseáis, no desmayéis, mas llamad con perseverante oración al Señor, que él sabe y suele enseñar interiormente, y con semejanzas exteriores, lo poco en que la criatura se ha de estimar; y, en tanto que viene esta misericordia, vivid en paciencia y conoceos por soberbia. Lo cual es parte de humildad como el tenerse por humilde es verdadera soberbia.

2. DEL POCO CONOCIMIENTO DE SÍ MISMO Y DEL VERDADERO, DE JESUCRISTO

a) FRUTOS DE LA MEDITACIÓN DE LA PASIÓN

Los que mucho se ejercitan en el poco conocimiento, como tratan a la continua, y muy de cerca, sus proprios defectos, suelen caer en grandes tristezas y desconfianzas, y pusilanimidad de corazón, por lo cual les es necesario que se ejerciten en otro conocimiento que les alegre y esfuerce mucho más que el primero les desmayaba. Y para éste, ninguno otro hay igual como el conocimiento de Jesucristo nuestro Señor, especialmente pensando cómo padeció y murió por nosotros. Esta es *la nueva alegre, predicada en la nueva ley a todos los quebrantados de corazón*, que les es dada una medicina muy más eficaz para su consuelo que sus llagas les pudieron desconsolar. Este Señor crucificado es el que alegra a los que el conocimiento de sus proprios pecados entristece, y el que absuelve a los que la ley condena, y que hace hijos de Dios a los que eran esclavos del demonio. A éste deben de conocer todos los adeudados y flacos. Y a éste deben de mirar todos los que sienten angustia en mirar a sí mismos. Porque así como se suele dar por consejo que miren arriba los que pasan por algún río y se les desvanece la cabeza, mirando a las aguas que corren, así quien sintiere desmayo, mirando sus culpas, alce sus ojos a Jesucristo, puesto en la cruz, y cobrará esfuerzo. Porque no en balde se dijo: *En mí mismo fue mi ánima conturbada, y por esto me acordaré de ti, de la tierra del*

Jordán y de los montes de Hermón y monte pequeño. Porque los misterios que Cristo obró en su baptismo y pasión son bastantes para sosegar cualquier tempestad de desconfianza que en el corazón se levante, y así por eso, como porque ningún libro hay tan eficaz para enseñar al hombre de todo género de virtud, y cuánto debe ser el pecado huido y la virtud amada, como la pasión del Hijo de Dios; y también porque es extremo desagradecimiento poner en olvidado un tan inmenso beneficio de amor como fue padecer Cristo por nos, conviene, después del ejercicio de nuestro conocimiento, ocuparnos en el conocimiento de Jesucristo nuestro Señor, lo cual nos enseña San Bernardo, diciendo: «Cualquiera que tiene sentido de Cristo, sabe bien cuán expediente sea a la piedad cristiana, y cuánto provecho le traya al siervo de Dios, y siervo de la redempción de Cristo, acordarse con atención, *a lo menos una vez en el día*, de los beneficios de la pasión y redempción de nuestro Señor Jesucristo, para gozarse suavemente en la conciencia, y para asentallos fielmente en la memoria». Esto dice San Bernardo. Y, allende de esto, sabed que así como, queriendo comunicar Dios con los hombres las riquezas de su divinidad, tomó por medio hacerse hombre, para que en aquella bajeza y pobreza se pudiese conformar con la pequeña capacidad de los pobres y bajos, y juntándose a ellos, los ensalzase a la alteza de él, así el camino usado de comunicar Dios su divinidad con las ánimas es por medio del pensamiento de su sacra humanidad. Esta es la puerta por *donde* el *que entrare será salvo, y la escalera por donde suben al cielo*. Y quiere Dios Padre honrar la humanidad de su unigénito Hijo, y no dar su amistad sino a quien la creyere; y no dar su comunicación si no a quien con mucha atención la pensaré. Hacedos, pues, *esclava de esta sagrada pasión*, pues por ella fuistes libertada del captiverio de vuestros pecados y de los infernales tormentos. Y no sea a vos pesado *pensar* lo que a Él con vuestro grande amor ro le fue pesado *pasar*.

b) MODO DE MEDITAR LA PASIÓN

Y así como buscastes pensar en vuestras miserias un rato de la noche, y un lugar recogido, así, y con mayor vigilancia, buscad otro rato antes que amanezca, o por la mañana, en que con atención penséis en aquel que tomó sobre sí vuestras miserias y pagó vuestros pecados por daros a vos libertad y descanso. Y el modo que ternéis será éste, si otro mejor no se os ofreciere. Repartid los pasos de la pasión por los días de la semana en esta manera: *El lunes*, la oración y prendimiento del huerto, y lo que aquella noche pasó en casa de Anás y Caifás. *El martes*, las acusaciones de un juez a otro, y sus crueles azotes, que, atado a la columna, pasó. *El miércoles*, cómo fue coronado y escarnecido, sacándole con vestido de grana, y caña en la mano, porque todo el pueblo le viese, y dijeron: *Ecce homo*. *El jueves*, no le podemos quitar su misterio muy excelente, conviene a saber, cómo el Hijo de Dios con profunda humildad lavó los pies a sus discípulos, y después les dio su Cuerpo y Sangre en manjar y bebida, mandando a ellos y a todos los por venir que *hiciesen lo mismo en memoria de Él*. Hallaos vos presente a tal lavatorio y a tan excelente convite. Y esperad en Dios, que ni saldréi sin lavar, ni muerta de hambre. Tras el jueves pensaréis, *el viernes*, cómo el Señor fue presentado delante el juez, y sentenciado a muerte, y llevó la cruz encima sus hombros, y después fue crucificado en ella, con todo lo demás que pasó hasta que encomendó su espíritu en las manos del Padre y murió. En *el sábado* quédaos de pensar la lanzada cruel de su sagrado costado; cómo le quitaron de la cruz y le pusieron en los brazos de su sagrada Madre, y, después, en el sepulcro. E id acompañando su ánima al limbo de los santos padres, y hallaos presente en las fiestas y paraíso que allí les concede. Y tened memoria de pensar en este día las grandes angustias que la Virgen y Madre pasó. Y sedle compañera fiel en se las ayudar a pasar, pues que, aliende de serle cosa debida, os será a vos muy provechosa. *Del domingo* no hablo, porque ya sabéis que es diputado al pensamiento de la resurrección y a la gloria que en el cielo poseen los que allá están, y en esto os habéis de ocupar aquel día.

AVISOS Y NORMAS PARA LA ORACIÓN

1. Oraciones vocales y lección

Recogida, pues, en vuestra celda, como os he dicho, haréis vuestra confesión general y rezaréis algunas oraciones vocales, y leed, en algún libro de la pasión, aquel mismo paso en que habéis de pensar aquel rato. Y serviros ha esto de dos cosas: una de enseñaros como acaeció aquel paso, para que vos lo sepáis pensar; otra, para recogeros el corazón y pegaros alguna devoción, para que, cuando fuéredes a pensar, no vais derramada ni tibia, y, aunque no paséis de una vez todo lo que el libro dijere cerca de aquel paso, no pierde nada, porque en otra semana, cuando venga el mesmo día, se podía pensar. Y como os he dicho, no ha de ser la lección hasta del todo cansar, mas para despertar el apetito del ánima y dar materia al pensar y obrar.

2. Hacerse presente con sencillez

Y la lección acabada, hincadas vuestras rodillas y muy recogidos vuestros ojos, suplicad al Señor tenga por bien de os dar verdadero sentido de lo que piadosamente quiso padecer por vos. Y poned dentro de vuestro corazón la imagen de aquel paso que quisierdes pensar; y, si esto se os hiciere de mal, haced cuenta que la tenéis allí cerquita de vos. Y digo esto así, por avisaros que no habéis de ir con el pensamiento a contemplar al Señor a Jerusalén, o apartaros lejos de vos, porque suelo ser gran daño de la cabeza y secar mucho la devoción; mas, haciendo cuenta que lo tenéis presente, poned los ojos de vuestra ánima en los pies de Él, o en el suelo, cercano a Él. Y con toda reverencia oíd lo que le dicen, y mirad lo que pasa, como si a ello presente estuviérades guardándoos mucho de alborotar vuestro corazón con tristezas forzadas, o con trabajar demasiadamente por echar lágrimas, porque estas cosas suelen secar más el corazón y hacerle inhábil para la visitación del Señor, y suelen destruir mucho la salud corporal; y dejan el ánima tan atemorizada con el sinsabor que allí siente, que teme otra vez de tornar al ejercicio, como a cosa que ha experimentado dalle mucha pena. Si el Señor da lágrimas, o semejantes sentimientos, débense tomar, mas querer el hombre tomarlos por fuerza, no es cordura, mas débese de contentar con hallarse presente con vista sosegada y sencilla a lo que el Señor pasó, y mirar el amor con que padecía, y cuán grandes tormentos y deshonras eran los que padecía. Con otros mil pensamientos buenos que el Señor suele dar, dejando en las manos de Dios lo que toca a tener devoción o lágrimas.

3. No forzar la imaginación

Debéis de estar avisada que no trabajéis mucho los pechos ni cabeza, ni sienes, por *fijar* mucho en vuestra imaginación *la imagen* del Señor, porque suelen venir de estas cosas grandes peligros al ánima, pareciéndoles a algunos que ven verdaderamente las imágines que de dentro piensan y caen en locura o en soberbia. E ya que esto no sea, este modo de imaginar tan profundo causa daño sin remedio en la salud. Por eso haced este ejercicio con todo el mayor sosiego que pudiérdes. Y con una simple atención que tengáis a aquel paso que consideráis, fundaos más en el pensamiento espiritual de la grandeza de quien padecía, y la bajeza vuestra, con otros pensamientos devotos, que no en meter mucho vuestra ánima en la imaginación y figura del Señor, no porque del todo lo debéis dejar, mas para que de tal manera la imaginéis, que no la tengáis a la contina ni con pena fijada, mas poquito a poquito, según que sin trabajo se os diere. Y para esto sirve mucho tener algunas imágines de los pasos de la pasión, bien proporcionadas, en las cuales miréis muchas veces, para que después, sin mucha pena, las podáis vos sola imaginar. Y no sólo habéis de evitar este trabajo de la cabeza y sienes, y pecho, en el imaginar, mas aun en el pensar. Porque algunos piensan con tantos movimientos y trabajos que caen en daños de cuerpo y grandes sequedades del ánima. Por tanto, quien quisiere acertar en este negocio, fúndese principalmente en humillarse a Dios y llegarse a él como un ignorante niño y humilde discípulo a su maestro, yendo más proveído de sosegada atención para oír lo que le han de decir, que con lengua afilada para hablar.

4. De Dios viene la fuerza del pensar

Pensad, pues, vuestros pensamientos, de arte que no os metáis tanto ni pongáis tanta fuerza en ellos, que parezca que vos sola lo habéis de hacer; mas así obrad vos vuestro ejercicio como que no sale de vos, sino que mana de aquel Señor que os alienta el corazón para pensar. Y nunca de tal arte penséis que perdáis la atención a lo que el Señor os quiere dar, teniendo aquello por principal, y lo que vos pensáis por accesorio. Y, si esto no pudiéredes hacer, y sintiéredes que la cabeza y lo que os he dicho siente algún trabajo notable, no prosigáis adelante, mas sosegaos y quitad aquella angustia de corazón; con entrañable sosiego y simplicidad humillaos a Dios, para que de Él os venga la fuerza para pensar, sin que sea tan a vuestra costa. Hasta que esta pena y angustia se os quite, no prosigáis, por no caer en los males ya dichos. Y, si el Señor os hiciere merced de os dar este sosiego de pensamientos interiores, y más entrañable devoción de lo que se suele sentir con movimiento de la persona, y que os dure por muchos días, ya podréis estar pensando muy largos ratos sin sentir pesadumbre; lo cual, todo hallaréis, al contrario, si de otra manera pensáis. Y estad avisada que el paso que en un día pensáredes no os contentéis con pensarlo aquel solo rato del recogimiento, mas, en abriendo los ojos en la cama, acordaos de Él y traedlo todo aquel día en vuestro corazón; y dígolo así, porque algunos piensan el paso como si tuviesen a nuestro Señor dentro de sí, puestos los pies dentro de su corazón, y reclinados como otra Magdalena, y ante ellos hallan reposo. Y otros lo piensan fuera de sí, aunque cerca, mirando sus pies, según hemos dicho. Lo que mejor cuadrare a uno por la experiencia, aquello siga, con condición que el paradero del pensamiento devoto no sea fuera de sí. Mas agora sea pensando, agora imaginando, agora mirando o oyendo cualquier cosa de fuera, luego ha de recurrir al corazón, en el cual ha de tener el hombre su aposento y ejercicio, estando recogido dentro de sí, como abeja solícita que dentro de su corcho hace la miel.

5. *Los que no son para oración mental*

Cuando este ejercicio de pensamiento es más excelente, tanto es razón que haya más aviso en él, porque no dañe con indiscreción; mas, quitadas las espinas de los errores, se cojan los buenos frutos que suele dar. Y sea el primer aviso, que hay muchas personas las cuales no conviene poner en este ejercicio por muchas causas: una, por enfermedad corporal, especialmente de la cabeza, porque, aunque a los muy ejercitados en tiempo de sanidad no les sea penoso ejercitarlo, aun con indisposición corporal, mas a los principiantes esles dañoso e imposible. Otros hay tan dados a ocupaciones exteriores, que no las pueden dejar sin pecado, ni las vaga con ellas darse al recogimiento ni es bien que se den. Otros tienen el ánima tan inquieta, y del todo indevota y seca, que por mucho tiempo y cuidado que en el recogimiento gasten, ninguna cosa aprovechan.

Deben éstos consolarse y saber que el espíritu del orar es dádiva de nuestro Señor liberalmente dada a quien Él es servido, y pues a ellos no se la da, débense contentar con rezar vocalmente algunas devociones o pasos de la pasión. E yendo rezando, piensen, aunque brevemente, en aquel paso de que rezan, y tengan alguna imagen devota a quien miren, y usen mucho el leer libros devotos; porque muchas veces acaece que de estos escalones los suele subir el Señor al ejercicio del pensamiento. Y, si no fuere servido, conténtense con lo que les diere.

6. Ni sólo pensar pecados ni nunca mirarlos

Hay otros que están mucho tiempo de su vida ocupados en pensar los pecados que han hecho, y nunca osan pensar en la pasión, o en otra cosa que les dé algún consuelo. Los cuales no lo aciertan, según San Bernardo dice; porque, aliende de levantarse tentaciones de andar mucho pensando los pecados pasados, no se agrada nuestro Señor de que anden sus siervos en continua tristeza y desmayo. El contrario de lo cual hacen otros que, el primer día que comienzan a servir a Dios, olvidan sus pecados del todo, y con liviandad de corazón se dan a pensamientos más altos que provechosos. A los cuales les está cercana la caída como a casa sin edificio. Y, si después quieren tornar a pensar cosas humildes, no aciertan ni pueden, por estar engolosinados en cosas mayores, y ansí suelen quedar sin saber andar ni hablar. Por tanto, conviene que a los principios nos ocupemos más en el pensamiento de nuestros pecados que en otros por devotos que sean. Y después, poco a poco, vamos aflojando en aquel pensamiento y creciendo en el de la pasión, aunque nunca del todo debemos estar sin el uno o sin el otro. Otros hay que se suelen quejar que ninguna puerta hallan para entrar en el pensamiento de la pasión, y, si quieren porfiar en ello, sienten gran dureza en el corazón y gran sequedad. Débeseles decir a éstos que no se lleguen a este pensamiento como por fuerza y angustia de corazón, porque muchos con el apretamiento que en sí mismos llevan, y afligimiento por sentir y llorar, cierran la puerta a toda blandura y suavidad que del pensamiento de la pasión les puede venir; mas, si llegándose con humildad y sosiego, todavía no fueren recebidos, no se desconsuelen, mas lean alguna cosa sobre ello. Y si sintieren que en buena gana piensan o hablan en devoción o en otra cosa, agora sea en pensamiento de muerte, o de infierno o de cielo, o cualquier cosa, por chica que sea, no la impidan ni la quiten de allí, mas entren por la puerta que hallaren abierta, porque aquélla es por donde Dios les quiere meter.

7. No atarse demasiado a reglas y posturas del cuerpo

Y no hay cosa que más contraria sea a este ejercicio que, hallando el ánima devoción y provecho en alguna parte, sacarla de allí y forzarla a que se vaya a meter a donde no la convidan. Y por eso es muy loable cosa, poniéndonos en nuestro ejercicio, ir con libertad y no estar atados a nuestras reglas, ni estar congojosos en cómo pensaremos lo que deseamos; mas, con tranquilidad y santo descuido, así pensar el paso que solemos que no impidamos a la mano de Dios, si a otra parte nos quisiere llevar. Y lo mismo se ha de entender de los que así toman a dientes el leer o el pensar cierta cosa, que, aunque sienten mucha devoción en el principio de ella, déjanla y piérdenla por acabar su tarea, sabiendo que el fin del leer o el pensar al Señor, y cuando Él se comunica no hemos de dejar a Él por proseguir nuestra obra. Y a este propósito hace el rigor que otros tienen en estar hincados de rodillas todo el tiempo de este ejercicio, puesto caso que su flaqueza sea tanta que no puedan tener atención a lo que hacen con el trabajo del cuerpo. Los cuales deben saber que, aunque la oración tenga alguna poca de pena, y se ofrezca en satisfacción de los pecados, no es éste el principal fruto de ella, mas el menor, porque en comparación de la lumbre, y del gusto y de las virtudes que en ella da Dios, muy pequeña es la aflición y ejercicio del cuerpo, porque, como dice el Apóstol, *tiene poco provecho*. Por tanto, de tal manera debe estar el cuerpo en tiempo de esta meditación como la salud lo sufre, y como el ánima esté descansada para vacar al Señor, mayormente si este tiempo es largo, de dos o tres horas, como algunos lo usan, de los cuales muy pocos son los que pueden tener el cuerpo penado, sin perder la atención que requiere este ejercicio. Y por esto, por no perder la atención, tengan el cuerpo como más esté descansado. También hay otros que se fatigan tanto en la cabeza que otra cosa no sacan sino daño de ella y ceguedad en el corazón. Y han de saber que este negocio más es dado que tomado, y que no en la cabeza, más en el corazón, ha de ser el mayor ejercicio, haciendo allí centro y el nido de todo lo que hobiéremos de recebir.

8. *Devoción sensible*

Y mírese mucho que, si en este corazón se levantaren movimientos hervorosos de devoción sensual, o demasiados sollozos, que no se vaya la persona tras ellos, mas debe disimularlos, y, recogiéndose en su ánima, débelos dejar pasar como si no los tuviese, y guardar dentro de sí aquel pensamiento que se los causó. Quiero decir que, quitando de sí los alborotos que causó la carne, goce con el ánima en sosiego de la lumbre y devoción que Dios le dio. Y de esta manera durarle ha mucho tiempo y será su consolación más de raíz y entrañable, y no verná a dar muestras de si con gemidos, y otras veces con gritos y con otras exteriores señales. Lo cual no se podrá evitar sin muy gran trabajo, si una vez la persona se acostumbra a darse mucho a los dichos movimientos y hervores sensuales; los cuales, cuanto más recios parecen de fuera, tanto más suelen apagar la lumbre de dentro y ponerle impedimento que no pase adelante. Heos querido dar estos avisos cerca de la oración, porque, huyendo de los inconvenientes que os pueden acaecer, gocéis a vuestro salvo de las muy grandes misericordias que Dios en ella suele hacer.

9. No dejar la oración por temor de los peligros

No seáis vos como algunos ignorantes que, por temor de los peligros que han acaecido a los que por su soberbia, o grande ignorancia, han errado en el camino del bien, no quieren servir a Dios ni tener oración, porque no les acaezca lo que a los otros. No debe el hombre dejar de entender en otro negocio, en que muchos han salido con ganancia, porque alguno, por su propia culpa, salió de él con pérdida; mas la caída ajena le debe a él hacer ser avisado, no para dejar el negocio, mas para entender en él con mayor cautela. La Escritura dice: *Quita el orín de la plata y saldrá vaso purísimo*; y así debemos, con humildad y cautela, seguir el ejercicio de la santa oracion, por lo cual tantos santos y amigos de Dios han sido enriquecidos. Y no por el orín que algunos pocos indiscretos le pegaron, arrojar de nos a él, y a ella. Que, si a eso mirásemos, en ninguna cosa osaríamos entender corporal ni espiritual, pues en todas ha habido quien yerre. Y por eso, no débense con vanos temores espantar los que quieren seguir el camino de la oración, mas con caridad amonestados y con prudencia avisados. Y más nos deben convidar a la seguir los muchos que en ella aprovecharon que espantarnos los pocos que erraron.

10. Ejemplo de Cristo y de los santos

Notorio está cuán contino fue en Cristo el orar, y que se escribe en Él que se le pasaba la noche en oración. Y como quien sabe el bien que en ella va, nos amonesta muchas veces que oremos, y que siempre oremos. Y sus santos apóstoles, especialmente San Pablo, nos amonesta orar en todo lugar, y su discípulo San Dionisio. Y después todos los santos a una boca nos enseñan esto mismo, y nos dan reglas y avisos de cómo hemos de entender en este santo ejercicio. Y muchos de ellos cuentan, para nuestro ejemplo, las grandes mercedes que Dios por este santo ejercicio les hizo. Entre los cuales oí lo que el devoto San Buenaventura dice de la virtud de la oración, que es inestimable y poderosa para alcanzar todas las cosas provechosas y alanzar todas las dañosas: «Por tanto, si queréis sufrir con paciencia las adversidades, sed hombre de oración; si queréis sobrepujar las tentaciones y tribulaciones, sed hombre de oración; si queréis conocer las astucias de Satanás y huir sus engaños, sed hombre de oración; si queréis vivir alegremente en la obra de Dios y andar con fuerza el camino del trabajo y aflición, sed hombre de oración; si queréis ejercitaros en la vida espiritual, y no hacer caso de la carne en sus deseos, sed hombre de oración; si queréis ahuyentar las moscas vanas de los pensamientos, sed hombre de oración; si queréis engrosar vuestra ánima con santos pensamientos y deseos, y hervores y devociones, sed hombre de oración; si queréis establecer vuestro corazón en la voluntad de Dios en espíritu varonil y propósito constante, sed hombre de oración. En conclusión, si queréis extirpar los vicios, y ser lleno de virtudes, sed lleno de oración, porque en ella se recibe la unción del Espíritu Santo, que enseña al ánima de todas las cosas. Y si queréis huir a la contemplación, y gozar de las cosas del esposo, sed hombre de oración, porque por el ejercicio de la oración van a la contemplación y gusto de las cosas celestiales. ¿Veis de cuánto poder y virtud sea la oración? Para confirmación de todo lo cual, dejadas las probanzas de las escripturas, esto os sea suficiente prueba, que hemos oído y vemos cada día por experiencia personas sin letras y simples haber alcanzado estas cosas ya dichas, y otras mayores, por virtud de la oración. Por tanto, mucho deben dar su ánima a la oración todos los que desean imitar a Cristo, y mayormente los religiosos, los cuales han de tener mayor aparejo para vacar a Dios. Por lo cual te amonesto y encomiendo estrechamente, cuanto puedo, que tomes la oración por principal ejercicio tuyo. Y ninguna otra cosa, sacados los cuidados necesarios, te deleite sino la oración; porque ninguna cosa te debe tanto deleitarte como estar con el Señor, lo cual se hace por la oración». Todo esto dice San Buenaventura, con el cual concueran otros muchos en la alabanza de la oración, los cuales no relato por ser cosa tan manifiesta, y porque para vos es demasiada, pues Dios os ha hecho misericordia de enseñaros por experiencia cuánta sea la ganancia de este santo ejercicio. Y pues San Hierónimo cuenta y alaba de Santa Paula, viuda honesta, que estaba en oración desde que anochecía hasta que salía el sol, muy más lo alabará en la doncella dedicada a Cristo, que tiene particular obligación a más se comunicar con él, mediante la oración, pues tiene entereza de cuerpo, y nombre de esposa.

11. No meterse en consideraciones altas

Estas consideraciones que habéis oído así del proprio conocimiento como del conocimiento de Cristo deben ser de vos usadas más que ningunas, porque, aunque haya otras más altas, son éstas más provechosas y más seguras y manuales. Y es cosa delante de Dios agradable que, orando, nos pongamos en el postrer lugar que es el conocimiento de nuestras llagas, o en el lugar de nuestra medicina, que son las llagas de Cristo. Y no debemos temer de ser bajos por ponernos en esta bajeza, porque cuando Dios es servido bien sabe levantar de estos lugares al pobre a la alteza de los gozos de su divinidad. Mas, así como se huelga de levantar al que está humillado a sus pies, así le suele desagradar el desmesurado atrevimiento de los que se quieren meter en consideraciones muy altas. A los cuales o se las concede para su mal, siéndoles ocasión de soberbia o de error, en pena de su atrevimiento, o usando con ellos de misericordia les reprehende blandamente, para que, abajando sus alas, estén más seguros y dispuestos para volar cuando Dios los llamare, y no por su propria presunción. De esta manera acaeció a la esposa que con atrevido amor dice en los Cantares: *Enséñame tú al que ama mi ánima, adónde apacientas, y adónde te acuestas al mediodía*. Quiere decir y pedir que le sean demostrados los eternos y sobrelucientes pastos del cielo, en los cuales el eterno Pastor Jesucristo, claro como el sol de mediodía, apacienta sus bienaventuradas ovejas, demostrándoles claramente su haz así como Él es. Mas esta petición no le es concedida por Dios, antes es reprendida por él, dándole a entender que más razón es que le pida ser enseñada adonde Cristo apacienta y acuesta, no al mediodía, sino a la tarde, cuando haciéndose tinieblas en la universa tierra, porque se ponía el verdadero sol, Cristo, enclavado en su cruz, como rey echado en su real cama. En la cruz apacienta Cristo sus ovejas, y en la cruz veréis su cara no resplandeciente, como el sol de mediodía, mas tan desfigurada que aún sus conocientes tengan que hacer en conocerlo. Esta cama y pasto pedid que os sea enseñada, que la otra su tiempo se tiene. Agora tiempo es de cruz y de gustar el cáliz que el Señor bebió la noche de la pasión. Después será tiempo de gozo, y de beber del cáliz de los celestiales deleites que embriagan en el reino de Dios. Y no debemos de celebrar primero la fiesta que la vigilia, ni el domingo que el viernes; mas, por el trabajo de nuestro conocimiento y de la imitación de Jesucristo crucificado, hemos de pasar y esperar la gloria eterna de su resurrección.

c) EXPOSICIÓN DE UN LUGAR DE LOS CANTARES

Y esto mismo nos es amonestado en los Cantares, que dicen así: *Salid y mirad hijas de Sión al rey Salomón con la guirnalda con que le coronó su madre en el día del desposorio de él, y en el día de la alegría del corazón de él.* En ninguna parte de la Escritura santa se lee que el rey Salomón fuese coronado con guirnalda o corona de mano de su madre Bersabé en el día del desposorio de él; y por eso según la historia no conviene al Salomón pecador. Por fuerza, pues la Escritura no puede faltar, lo hemos de entender de otro Salomón verdadero, el cual es Cristo, y con mucha razón, porque Salomón quiere decir *pacífico*; el cual nombre le fue puesto porque no trajo guerras en su tiempo, como las trajo su padre David. Por lo cual quiso Dios, que no David, *varón de sangres*, mas su pacífico hijo le edificase aquel tan solmne templo en Hierusalem en que fuese Dios adorado. Pues, si por ser pacífico Salomón en la paz mundana, que algunas veces los reyes, aunque malos, la suelen en sus reinos tener, le fue puesto nombre de pacífico, ¿con cuánta más razón le conviene a Cristo?, el cual hizo paz entre Dios y los hombres, no sin su costa, mas cayendo sobre él la pena de nuestros pecados que causaban la enemistad, e hizo paz entre los dos contrarios pueblos, judíos y gentiles, *quitando la pared de la enemistad que estaba en medio*, como dice San Pablo; conviene a saber, las cerimonias de la vieja ley, y la idolatría de la gentilidad, para que unos y otros, dejadas sus particularidades y ritos que de sus pasados traían, viniesen a una nueva ley de debajo de *una fe*, y de *un baptismo y de un Señor*, esperando partir una misma herencia, por ser todos hijos de *un padre* del cielo que los tornó a engendrar otra vez por agua y Espíritu santo, con mayor ganancia y honra que la primera vez fueron engendrados de sus padres de carne para miseria y deshonra. Y estos bienes todos son por Jesucristo, pacificador de cielos y tierra, y de los de lejos y cerca, y de un hombre dentro de sí mismo, do la guerra es más trabajosa y la paz más deseada. Estas paces no las pudo hacer Salomón, mas tuvo el nombre, en figura del verdadero pacificador. Así como la paz de Salomón, que es temporal, tiene figura y es sombra de la espiritual y que no tiene fin.

Pues, si bien os acordáis, esposa de Cristo, de lo que es razón que nunca os olvidéis, *la madre de este Salomón verdadero*, que fue y es la bendita virgen María, hallaréis *haberlo coronado con guirnalda hermosa*, dándole carne sin ningún pecado en el día de la encarnación, que fué *día* de ayuntamiento y *desposorio* del Verbo divino con aquella santa humanidad, y del Verbo hecho hombre con su Iglesia, que somos nosotros, y de aquel sagrado vientre salió Cristo *como esposo que sale del tálamo. Y comenzó a correr su carrera como fuerte gigante*, tomando a pecho la obra de nuestra redempción, que fué la más dificultosa que ha habido. Y, al fin de la carrera, en el día del viernes santo, casóse con palabras de presente con esta su Iglesia, por quien tanto había trabajado como otro Jacob por Raquel, porque entonces le fue sacada de su costado, estando él durmiendo el sueño de muerte, a semejanza de Eva sacada de Adán, que dormía. Y por esta obra tan excelente y de tanto amor en aquel día obrada llama Cristo a este día *mi día*, cuando dice en el Evangelio: *Abraham, vuestro padre, se gozó para ver mi día; violo y gozóse*. Lo cual fue, como dice Crisóstomo, cuando a Abraham fue revelada la muerte de Cristo en semejanza de su hijo Isaac, que Dios le mandó sacrificar en el monte de Sión. Y entonces vio este penoso día y gozóse. Mas, ¿por qué se gozó? ¿Por ventura de los azotes, o tristezas o tormentos de Cristo? Cierto es haber sido la tristeza de Cristo tanta que bastaba a hacer entristecer de compasión a cualquiera por mucha alegría que tuviese. Si no, díganlo sus tres amados apóstoles, a los cuales dijo: *Triste es mi ánima hasta la muerte*. ¿Qué sintieron sus corazones al sonido de esta palabra, la cual suele aún a los que de lejos la oyen lastimar su corazón con agudo cuchillo de compasión? Pues sus azotes y tormentos y clavos y cruz, fueron tan lastimeros, que, por duro que uno fuera, y los viera, se moviera a compasión. Y aún no sé si los mismos que le atormentaban, viendo su mansedumbre en el sufrir, y la crueldad de ellos en el herir, algún rato se compadecían de quien tanto padecía por ellos, aunque ellos no lo sabían. Pues, si los que a Cristo aborrecían pudieran ser entristecidos por ver sus tormentos, si del todo piedras no fueran, ¿qué diremos de un hombre tan amigo de Dios como era Abraham que se gozase de ver el día en que tanto pasó Cristo?

Mas, porque de esto no nos maravillemos, oíd otra cosa más maravillosa, la cual dicen las ya dichas palabras de los Cantares: que esta guirnalda le fue puesta *en el día de la alegría del corazón de él.* ¿Cómo es aquesto? ¿Al día de sus excesivos dolores, que lengua no hay que los pueda explicar, llama día de alegría de él? Y no alegría fingida o de fuerza, mas dice: *en el de la alegría del corazón de él.* ¡Oh alegría de los ángeles, y río del deleite de ellos, en cuya cara ellos se desean mirar y de cuyas sobrepujantes ondas ellos son envestidos viéndose dentro de ti, nadando en tu dulcedumbre tan sobrada! ¿Y que se alegre tu corazón en el día de tus trabajos? ¿De qué te alegras entre los azotes y clavos, y deshonras y muerte? ¿Por ventura no te lastima? Lastímate, cierto, y más a ti que a otro ninguno, pues tu complexión era más delicada que todas. Mas, porque lastiman más nuestras lástimas, quieres sufrir de muy buena gana las tuyas por con aquellos dolores quitar los nuestros. Tú eres el que dijiste a tus amados apóstoles poco antes de la pasión: *Con deseo deseado comeré esta pascua con vosotros antes que padezca.* Tú eres el que antes dijiste: *Fuego viene a traer a la tierra, ¿qué quiero sino que se encienda? Con baptismo tengo de ser baptizado, ¡cómo vivo en estrechura hasta que se ponga en efeto!* El fuego de amor de ti, que en nosotros quieres que arda, hasta encendernos, abrasarnos y quemarnos lo que somos, y transformarnos en ti, tú lo soplas con las mercedes que en tu vida nos heciste. Y lo haces arder con la muerte que por nosotros pasaste. ¿Y quién hobiera que te amara, si tú no murieras de amor por dar vida a los que por no amarte están muertos? ¿Y quién será leño tan húmedo y frío, que, viéndote a ti, árbol verde, del cual quien come vive, ser encendido en la cruz y abrasado con fuego de tormentos que te daban, y del amor con que tú padecías, no se encienda en amarte aún hasta la muerte? ¿Quién será tan porfiado, que se defienda de tu porfiada requesta, en que tras nos anduviste desde que naciste del vientre de la Virgen y te tomó en sus brazos y te reclinó en el pesebre, hasta que de las mismas manos y brazos de ella te tomaron y fuiste encerrado en el santo sepulcro como en otro vientre? Quemástete, porque no quedásemos fríos; lloraste, porque riésemos; padeciste, porque descansemos, y *fuiste baptizado* en el derramiento de tu sangre, porque nosotros fuésemos lavados de nuestras maldades. Y dices Señor. *¡Cómo vivo en estrechura, hasta que esto baptisino se acabe!*, dando a entender cuán encendido deseo tenías de nuestro remedio, aunque sabías que te había de costar la vida. Y como el esposo desea el día de su desposorio, para gozarse, tú deseas el de tu pasión, para sacarnos con tus penas de nuestros trabajos. Una hora, Señor, se te hacía mil años para haber de morir por nosotros, teniendo tu vida por bien empleada en ponerla por tus criados. Y pues lo que se desea atrae gozo, cuando es cumplido, no es maravilla que se llame *día de tu alegría* el día de tu pasión, pues era deseado por ti. Y aunque el dolor de aquel día fuese muy expresivo, de manera que en tu persona se diga: *¡Oh vosotros, todos los que pasáis por el camino, atended, y ved si hay dolor que se iguale con el mío*, mas el amor que en tu corazón ardía sin comparación era mayor, porque, si menester fuera a nuestro provecho que tú pasaras mil tanto de lo que pasaste, y que estuvieras enclavado en la cruz hasta que el mundo se acabara, con determinación firme subiste en ella, para hacer y sufrir todo lo que para nuestro remedio fuese necesario. De manera que más amaste que sufriste, y más pudo tu amor que el desamor de los sayones que te atormentaban, y por eso quedó vencedor tu amor, y, como *llama viva, no se pudieron apagar los ríos grandes* y muchas pasiones que contra ti vinieron. Por lo cual, aunque los tormentos te daban tristeza y dolor muy de verdad, tu amor se holgaba del bien que de allí nos venía. Y por eso se llama *día de alegría de tu corazón*.

Y este día vio Abraham, y se gozó, no porque le faltase compasión de tantos dolores, mas porque veía que el mundo y él habían de ser redimidos por ello. Pues en este día, *salid, hijas de Sión* -que son las ánimas que atalayan a Dios por la fe-, *a ver el pacífico rey*, que son sus dolores, que va a hacer la paz deseada; y miralde, pues, para mirar a Él os son dados los ojos. Y entre todos sus atavíos de desposorio, que lleva, mirad a *la guirnalda* de espinas que en su divina cabeza lleva, la cual, aunque la trajeron y se la pusieron los caballeros de Pilato, que eran gentiles, dícese habérsela puesto *su madre*, que es la sinagoga, de cuyo linaje Cristo descendió según carne; porque por la acusación de la sinagoga, y por complacer a ella, fue Cristo así atormentado. Y si alguno os dijere: «Nuevos atavíos de desposado son éstos: por guirnalda, lastimera corona; por atavíos de pies y manos, clavos agudos que se los traspasan y rompen; azotes por cinta; los cabellos pegados y enrubiados con su propria sangre; la sagrada barba arrancada; las mejillas bermejas con bofetadas; y la cama blanda, que a los desposados suelen dar con muchos olores, tórnese en áspera cruz donde justiciaban los malhechores. ¿Qué tiene que ver este abatimiento extremo con atavíos de desposorio? ¿Qué tiene que ver acompañado de ladrones, con ser acompañado de amigos, que se huelgan de honrar al nuevo desposado? ¿Qué fruto, qué música, qué placeres vemos aquí, pues la madre y amigos del desposado comen dolores y beben lágrimas, *y los ángeles de la paz lloran amargamente*, y no hay cosa más lejos de desposorio, que todo lo que aquí parece?

Mas no es de maravillar tanta novedad, pues el desposado y el modo de desposar todo es nuevo. Cristo es hombre nuevo, porque es sin pecado, y porque es Dios y hombre, y despósase con nosotros, feos, pobres y llenos de males, no para dejarnos en ellos, mas para matar nuestros males y darnos sus bienes. Para lo cual convenía, según la ordenanza divina, que pagase Él por nosotros, tomando nuestro lugar y semejanza, para, con aquella semejanza de deudor, sin serlo, y con aquel duro castigo, sin haber hecho por qué, matase nuestra fealdad y nos diese su hermosura y riquezas. Y porque ningún desposado puede hacer a su esposa de mala, buena; ni de infernal, celestial; ni de fea en el ánima, hermosa; por eso busca las esposas que sean buenas, hermosas y ricas, y van, el día del desposorio, ataviados a gozar de los bienes que ellas tienen, y que ellos no les dieron. Mas nuestro nuevo esposo a ninguna ánima halla hermosa ni buena, si Él no la hace. Y lo que nosotros le podemos dar, que es nuestro dote, es la deuda que debemos de nuestros pecados. Y porque Él quiso abajarse a nosotros, tal le paramos, cuales nosotros estábamos. Y tal nos paró cual Él es. Porque, destruyendo con nuestra semejanza nuestro hombre viejo, nos puso su imagen de hombre nuevo y celestial. Y esto obró Él con aquellos atavíos que parecen fealdad y flaqueza y son altísima honra y grandeza, pues pudieron deshacer nuestros muy antiguos y endurecidos pecados, y traernos la gracia y amistad del Señor, que es lo más alto que se puede ganar. Este es el esposo, en que os habéis de mirar, y muchas veces al día para hermosear lo que viéredes feo en vuestra ánima. Y ésta es *la señal puesta en alto*, para que, de *cualquier víbora que seáis mordida, miréis aquí* y recibáis la salud en sus llagas. Y en cualquier bien que os viniere, miréis aquí, y os sea conservado, dando gracias a este Señor, por cuyos trabajos nos vienen todos los bienes.

3. CON QUE OJOS HEMOS DE MIRAR LOS PRÓJIMOS

a) CON OJOS QUE PASEN POR NOSOTROS

Pues ya habéis oído con qué ojos habéis de mirar a vos misma y a Cristo, resta, para cumplimiento de la palabra del profeta que os dice: *Ve*, que oyáis con qué ojos habéis de mirar a los prójimos, para que así de todas partes tengáis luz y ningunas *tinieblas os hallen*. Y para esto habéis de notar que aquél mira bien a sus prójimos, que los mira con ojos que pasen por sí mismo y pasen por Cristo. Quiero decir: tiene un hombre trabajos, cuanto a su cuerpo, o tristezas o ignorancias y flaquezas, cuanto a su ánimo. Claro es que siente pena con el calor y frío, y le duele la enfermedad y desea ser no despreciado ni desechado por sus flaquezas, mas sufrido y remediado y aplacado. Pues de esto que pasa en él, así en sentir los trabajos, como en desear remedio en ellos, aprenda y conozca lo que el prójimo siente, pues es de la misma flaca naturaleza de Él. Y con aquella compasión le mire y remedie y sufra, con que se mira a sí mismo y desea ser de los otros mirado y remediado. Y así cumplirá lo que la Escritura dice: *De ti mismo entiende las cosas que son de tu prójimo*. Y haga con su prójimo lo que quiere que se haga con Él; porque de otra manera, ¿qué cosa puede ser más abominable que querer misericordia en sus yerros y venganza en los ajenos? Querer que todos le sufran con mucha paciencia, pareciéndole sus yerros pequeños, y no querer él sufrir a nadie, haciendo él de la pequeña *mota* del ajeno defecto una gran *viga*? Hombre que todos quiere que miren por él, y le consuelen, y él ser desabrido y descuidado para con los otros, no merece llamarse hombre, pues no mira a los hombres con ojos humanos, que deben de ser piadosos. La Escriptura dice: *Tener peso y peso, medida y medida, abominable es delante de Dios*, a dar a entender que quien tiene una medida grande para recebir, y otra pequeña para dar, que es desagradable delante los ojos de Dios. Y su pena será que, pues él no mide a su prójimo con la misericordia que quiere que midan a él, que le mida Dios a él con la crueldad y estrecha medida con que él mide a su prójimo. Porque escripto está: *con la medida que midiéredes, seréis medidos. Y juicio sin misericordia será hecho a quien no hiciere misericordia*. Pues, doncella, en cualquier cosa que en vuestro prójimo vierdes, ¿qué es lo que vos sentís, o querríades que otros sintiesen de vos, acaeciendos a vos?, y con aquellos ojos que *pasan por vos* compadeceos de él, y remedialdo en cuanto pudiéredes y seréis medida de Dios con esta piadosa medida que vos midiéredes, y así habréis sacado conocimiento del prójimo de vuestro proprio conocimiento, y seréis piadosa con todos.

b) CON OJOS QUE PASEN POR CRISTO

1. Los prójimos son pedazos del Cuerpo de Cristo

Agora mirad cómo lo habéis de sacar del conocimiento de Cristo. Pensad con cuánta misericordia se hizo hombre por amor de los hombres, con cuánto cuidado procuró en toda su vida el bien de ellos; y con cuán excesivo amor y dolor ofreció en la cruz su vida por la vida de ellos, y así como, mirándoos a vos, mirastes a los prójimos con ojos humanos, así, mirando a Cristo, los miraréis con ojos cristianos, quiero decir, con los ojos que Él los miró. Porque, si Cristo en vos mora, *sentiréis* de ellos *como Él sintió*, y veréis con cuánta razón sois vos obligada a sufrir y amar a los prójimos, a los cuales Él amó y estimó como la cabeza ama su cuerpo, y el esposo ama a su esposa, y como hermano a hermanos, y como amoroso padre a sus hijos. Suplicad al Señor que os abra los ojos, para que veáis el encendido fuego de amor que en su corazón ardía cuando subió en la cruz por el bien de todos, chicos y grandes, buenos y malos, pasados y presentes y por venir. Y por los mismos que le estaban crucificando. Y pensad que este amor no se le ha resfriado, mas, si la primera muerte no bastara para nuestro remedio, con aquel amor muriera ahora que entonces murió. Y como una sola vez se ofreció al Padre en la cruz corporalmente por nuestro remedio, así muchas veces se ofrece en la voluntad con el mismo amor. Decidme, ¿quién será aquel que pueda ser cruel a los que Cristo es tan piadoso? ¿Cómo hallará puerta para codiciar mal ni destruición al que ve que Dios le desea todo bien y salvación? No se puede escribir ni decir el amor que se engendra en el corazón del cristiano que mira a sus prójimos, no según lo de fuera así como según riquezas, linaje o parentesco, o otras condiciones semejables, más como unos entrañables pedazos del Cuerpo de Jesucristo, y como cosa conjuntísima a Cristo, con todo linaje de parentesco y amistad. Porque, si según dice el refrán: «Quien bien quiere a Beltrán, bien quiere a su can», ¿cuánto os parece que querrá un amador de Cristo a su prójimo, viéndole hecho cuerpo de Él, y que ha dicho el mesmo Señor, por su boca, *que el bien o el mal que al prójimo se hiciere, el mismo Señor lo recibe hecho a sí*? Y de aquí viene que conversa el cristiano con sus prójimos con tanto cuidado de no los enojar, y tanta mansedumbre para los sufrir, que le parece que con el mismo Cristo conversa. Y tiénese en su corazón por más esclavo de ellos y más obligado al provecho de ellos, que si por gran suma de dineros fuera de ellos comprado. Porque, mirando el precioso precio que Jesucristo dio por él, derramando su bendita sangre, ofrécese todo en servicio de Cristo, sin querer ser suyo en poco ni en mucho. Y tiene por muy gran merced poder en algo emplearse en servicio de aqueste Señor. Y como oye de la boca de él que los prójimos son su esposa y hermanos, y entrañablemente amados de él, ocúpase con grande alegría en provecho de ellos por él, pareciéndole el trabajo pequeño y los años breves por la grandeza del amor, y trayendo a la contina en su corazón lo que el Señor amoroso tan estrechamente mandó, cuando dijo: *Mi mandamiento es aqueste, que os améis unos a otros como yo os ame.*

2. El amor del Señor en los prójimos se paga

Y añadid a esto otros ojos con que habéis de mirar a los prójimos. Y sabed, que aunque por una parte sea gran verdad que de los bienes que el Señor hace a uno no quiera ni espere el Señor interese proprio, mas todo lo que da es para gracia y merced; mas, mirando por otra parte, ninguna cosa da de la cual no quiera retorno, no para sí, mas para los prójimos. Así, como, si un hombre hobiese prestado a otro muchos dineros, y héchole otras muchas buenas obras, y le dijese: «De todo esto que por vos he hecho, yo no tengo necesidad de vuestra paga; mas todo el derecho que contra vos tenía, lo cedo y traspaso en la persona de hulano que es necesitada; pagalde a él el agradecimiento y amor y deudas que a mí me debéis, y con ello me doy yo por pagado, porque con esa intención hice con vos lo que hice». De esta arte entre el cristiano en cuenta con Dios, y mire lo que de él ha recebido, así en los trabajos y muerte que el Hijo de Dios pasó por él, como en las misericordias que después de criado le ha hecho, no castigándole por sus pecados, no desechándole por sus enfermedades, esperándole a penitencia, y perdonándole cuantas veces ha pedido perdón, dándole bienes en lugar de males, con otras innumerables mercedes, que no se pueden contar. Y piense que esta amorosa contratación de Dios con él, le ha de ser un dechado y regla para la conversación que él ha de tener con su prójimo. Y que el intento con que Dios ha obrado con él tantas mercedes es para darle a entender que, aunque el prójimo no merezca por sí ser sufrido, ni amado, ni remediado, quiere Dios hacelle gracia de todas estas obligaciones que tiene contra el que recibió las mercedes, para que el bien que el prójimo por sí no merece, le sea concedido por lo que se debía a Dios. Y se conozca por obligado y esclavo de los otros, mirando a Dios, el que, mirando a ellos, se hallaba no deber nada; y tema mucho no sea en algo cruel o desamorado con los prójimos porque Dios no lo sea para con él, quitándole los bienes recebidos y castigándole como a desagradecido del perdón de los males pasados, así como lo hizo con aquel mal siervo que, habiendo recibido de su Señor perdón de diez mil talentos, fue cruel para con su prójimo, encarcelándole porque le debía cien maravedís. Y oyó de la boca de su Señor palabras de grandísima ira con que le dijo: *Siervo malo, perdonéte toda la deuda que me debías, porque rogaste, ¿pues no fuera razón que hobieras tú misericordia de tu prójimo, como yo la hube de ti?* Y airado el Señor entrególe a los atormentadores, hasta que le pagase toda la deuda que le había perdonado. Considerad, pues, a vos, y considerad a Cristo y los bienes de él recebidos, y engendrarse ha en vuestro corazón un limpio y fortísimo amor con todos los prójimos, que ningún trabajo que por ellos pasáredes, y ningunos males que ellos os hagan, os lo puedan quitar; mas, ardiendo este amor como viva llama, vencerá siempre los males que hicieren con bienes que él haga. Y mirando que no los amáis por ellos, no los dejaréis de amar por las malas obras de ellos; mas considerando a Cristo en ellos, aunque os veáis desechada, no os airaréis; aunque recibáis mal por bien, no os enojaréis, porque los ojos que tenéis puestos en Cristo, por cuyo amor los amáis, os darán tanta luz que en ninguna cosa que los prójimos hagan sentiréis tropiezo.

Y éste es el amor y el respeto que a los prójimos habéis de tener, fundado en vos y fundado en Cristo. Y el que de estas fuentes no nace es muy flaco y luego se causa. Y como casa edificada sobre movediza arena a cualquier combate y ocasión da consigo en el suelo.

III. ET INCLINA AUREM TUAM

TERCERA PALABRA. COMO HEMOS DE INCLINAR NUESTRAS OREJAS Y DE LAS MALAS REVELACIONES DEL DEMONIO

Es tanta la alteza de las cosas de Dios y tan baja nuestra razón, y fácil de ser engañada, que para seguridad y salvación nuestra, ordenó Dios salvarnos por fe, y no por nuestro saber. Lo cual no hizo sin muy justa causa, porque, pues el *mundo*, como dice San Pablo, *no conoció a Dios en sabiduría*, antes desatinaron los hombres en diversos errores, atribuyendo la gloria de Dios al sol y luna y otras criaturas. Y otros ya que conocieron a Dios por rastro de las criaturas, *tomaron* tanta *soberbia* de su rastrear y conocer cosa tan alta, que les fue quitada esta luz por su soberbia, que el Señor por su bondad les había dado; y así cayeron en tinieblas de idolatría y de muchedumbre de otros pecados, como habían caído los que no conocieron a Dios, por lo cual así como los ángeles malos, después que pecaron, no consitió Dios, como quien queda escarmentado, que hobiese en el cielo criatura que pudiese pecar, así viendo cuán mal las se aprovecharon los hombres de su razón, no quiso dejar en manos de ella el conocimiento de él y salvación de ellos, mas antes, como dice San Pablo, quiso que por la predicación de lo que la razón no alcanza, hacer salvos no a los escudriñadores, mas a los sencillos creyentes, por lo cual después de habernos el Espíritu Santo amonestado las dos ya dichas palabras, *oye y ve*, luego nos amonesta la tercera que dice: *Inclina tu oreja*.

I

POSITIVAMENTE

1. A la palabra de Dios: «toda la Sagrada Escritura»

En la cual nos da a entender que debemos profundamente sujetar nuestra razón, y no estar yertos en ella, si queremos que el *oír y ver* no nos sea ocasión de perdición. Porque es cierto que muchos han oído palabras de Dios, y han tenido claros entendimientos de cosas sutiles y altas, y porque se arrimaron más a la vista que *a inclinar* la oreja, tornóseles la luz en ceguedad y tropezaron en luz de mediodía como si fuera tinieblas. Por eso, ánima, que no queréis errar en el camino del cielo, *inclinad vuestra oreja*, quiero decir, vuestra razón, y no tengáis temor de ser engañada. Inclinada a la palabra de Dios, que está dicha en toda la sagrada Escritura, y, si no la entendiérdes, y os pareciere que va contra vuestra razón, no penséis que erró el Espíritu Santo que la dijo; mas sujetadle vuestro entendimiento, y creed que por la grandeza de ella vos no la podéis alcanzar. Y mirad que manda Dios por el profeta Esaías que nuestro recurso sea a su santa Escritura; y que a los que no hallaren según ella, no les nacerá la luz de la mañana. Porque aunque en otras cosas puedan ser sabios sin tener ciencia de ella, mas tener conocimiento de Dios y de lo que cumple a nuestra salud, no se alcanza sino por sabiduría de la palabra de Dios.

Y habéis de mirar que la exposición de esta Escritura no ha de ser por seso o ingenio de cada cual, que de esta manera qué cosa habría más incierta que ella, pues comúnmente suele haber tantos sentidos cuantas cabezas, mas ha de ser por la determinación de la Iglesia católica, a interpretación de los santos de ella, en los cuales habló el mismo Espíritu Santo, declarando la Escritura que habló en los mismos que la escribieron. Porque de otra manera, ¿cómo se puede bien declarar con espíritu humano lo que habló el Espíritu divino? Pues que cada Escritura se ha de leer y declarar con el mismo espíritu con que fue hecha. Y aunque a toda la Escritura de Dios hayáis de inclinar vuestra oreja con muy gran reverencia, mas inclinalda con muy mayor y particular devoción y humildad a las benditas palabras del Verbo de Dios hecho carne, abriendo vuestras orejas del cuerpo y del ánima a cualquier palabra de este Señor, particularmente dado a nosotros por maestro, por voz del eterno Padre que dijo: *Este es mi amado Hijo en el cual me he aplacido, a él oíd*. Sed estudiosa de leer y oír con atención y deseo de aprovechar estas palabras de Jesucristo. E sin duda hallaréis en ellas una excelente eficacia que obre en vuestra ánima, la cual no la hallaréis en todas, las otras que desde el principio del mundo Dios ha hablado ni ha de hablar hasta el fin de él.

2. *A la enseñanza de la Iglesia católica, cuya cabeza es el Papa*

Ítem, inclinad vuestra oreja a la determinación y enseñanza de la Iglesia católica, cuya cabeza en la tierra es el Pontífice romano. Y tened por cierto, como San Hierónimo dice, que cualquiera persona que fuera de esta obediencia y creencia comiere el cordero de Dios, profano es. Y quienquiera que fuere hallado fuera de esta Iglesia, necesariamente ha de perecer, como los que no entraron en el arca de Noé fueron ahogados en el diluvio. Y contra esta Iglesia no os mueva revelación ni sentimiento de espíritu, ni otra cosa mayor o menor, aunque viniese *ángel del cielo* a lo decir, porque como dice San Pablo, esta Iglesia *es columna y firmamento de la verdad*, y mora en ella el Espíritu Santo, que ni engaña ni puede ser engañado.

Por tanto nos os muevan doctrinas de herejes pasados, o presentes, o por venir, los cuales desamparados de las manos de Dios, en pena de su soberbia, siguen luz falsa, creyendo que es verdadera, y, perdiéndose ellos, son causa de perdición de cuantos los siguen. Mirad en lo que han parado los que se apartaron de la creencia de esta Iglesia católica y cómo fueron semejantes a un ruido de viento que presto se pasa y presto se olvida; y cómo la firmeza de nuestra fe ha quedado por vencedora, y aunque combatida, nunca vencida, *por estar firmada sobre firme piedra*, contra la cual ni *lluvias, ni vientos, ni ríos, ni las puertas del infierno pueden prevalecer*. Cerrad vuestras orejas a toda la dotrina ajena de la Iglesia y según la creencia usada y guardada de tanta muchedumbre de años, pues sabéis de cierto que en ella han sido salvados y santos grandísima muchedumbre de gente. Porque no veo cosa de mayor locura que dejar un camino, del cual está cierto que los que por él han caminado han sido sabios, y han agradado a Dios, y han ido al cielo, por seguir a unos menores que éstos sin comparación en todas estas cosas, y solamente mayores en la soberbia y desvergüenza de querer ser más creídos, sin prueba ninguna, que la muchedumbre de los pasados, que tuvieron divinal sabiduría, y excelentísima vida, y muchedumbre de grandes milagros. Esperad un poco y veréis el fin de los malos, y como los *vomitará Dios* con extrema deshonra, declarando el error de ellos, como lo hizo de los pasados y pues esto es así, para que estéis segura de estos engaños, tomad el consejo de esta dicha palabra: *Inclina tu oreja*, y sabed que, aunque es grande la obediencia que Dios nos pide en nuestra voluntad, pues quiere que ninguna cosa amemos sino a Él, o por Él, mas muy mayor sin comparación es la que nos demanda en nuestro entender mandándonos que, hollada nuestra razón, nos sujetemos a creencia de lo que ella no alcanza. Y esto, para que merezcamos ver claramente a Dios en el cielo como Él es, pues le creímos en sus palabras a la Iglesia, aunque nuestra razón no le alcanzase acá en el suelo, y para esta firme y bienaventurada creencia no hay cosa que tan contraria sea como tener entendimiento escudriñador, inquieto, dado a argumentos y razones, y ajeno de simplicidad y humildad, y que quiere tantear las inefables cosas de Dios y de su camino con la poquedad de su rastrear. Y acaece a éstos lo que a los que miran de hito al sol en su luz, los cuales no sólo no ven más que antes, mas menos. Tornáseles la luz tinieblas, no en ella, mas en los ojos de ellos, por ser tan flacos para mirar tan excesiva copia de luz, lo cual dice así la Escritura: *El escudriñador de la Majestad será oprimido con la gloria*, como si dijese: «El que no se sujeta a creer las cosas de Dios, mas quiere por escudriño entenderlas, será derribado como con peso incomportable, con la altísima gloria que quiere decir claridad que tienen las cosas de Dios que él escudriña; y será rechazado su entendimiento, y cegado, por el sumo exceso que hay de él a la alteza de las cosas de Dios. Y así, en lugar de la luz que buscaba, saca tinieblas, y en lugar de ir satisfecho y con sosiego del ánima, saca inquietud, porque no se queriendo llegar a Dios con sencilleza y humildad de niño, no se le comunica el Espíritu Santo, que a solos los *humildes se da*. Y sin él por fuerza ha de quedar el ánima fría, inquieta, llena de dudas, y en hambre continua, diciendo después que muchos trabajos aquella voz de filósofos cansados de su curiosidad y vacío de contentamiento: «Esto sólo sabemos, que ninguna cosa sabemos».

Quien quisiere, pues, nadar sin ser ahogado en el abismo de las cosas de Dios, no ha menester dos ojos y dos orejas, mas uno. Acordaos como lo dice el esposo a la esposa en los Cantares: *Heriste mi corazón, hermana mía, esposa, en uno de tus ojos*, y mirad también que en la palabra que estamos declarando no dice el Espíritu Santo: Inclina tus orejas, sino: *Inclina tu oreja*, porque no con ojo de nuestra razón, mas con ojo de fe herimos de amor al corazón de Jesucristo nuestro Señor. Y no nos pide la oreja que escudriña y tantea lo que le dicen, mas la que cree con sinceridad; porque la otra no es oreja de quien quiere aprender, mas de quien se tiene por sabio aún para con Dios, no queriendo creer de Él sino lo que alcanza su ciega razón. Y aunque parece que esta oreja oye, no se inclina, pues no quiere creer lo que no entiende. Y así quédase pobre, porque, faltando la fe, ningún bien le puede dar, mas la que se inclina es enriquecida de Dios con darle su espíritu y otras innumerables mercedes que tras las humildad de fe suelen venir, con las cuales queda el ánima hermoseada en su corazón y en sus obras, a semejanza de Rebeca, hermosa doncella, a la cual le fue dado de parte de Isaac ajorcas para las manos y zarcillos para la oreja. Y, porque nos fuese más y más encomendada esta sencilla sujeción del entendimiento a las cosas de Dios, no se contentó el Espíritu Santo: *Oye hija*, que bien entendido quiere decir: Cree, mas añade la tercera palabra diciendo: *Inclina tu oreja*; para que sepan los hombres que, pues Dios no habla palabras ociosas, en decir tantas veces una misma cosa por diversas palabras, nos quiere muy de verdad encomendar este sencillo y humilde creer y decir que consiste en ello nuestra salud.

II
NEGATIVAMENTE

1. MALAS REVELACIONES DEL DEMONIO

No es razón que pase aquí sin avisaros de un peligro que a los que caminan el camino de Dios acaece, y a muchos ha derribado. El principal remedio del cual, consiste en el aviso que el Espíritu Santo nos dio, mediante aquesta palabra que dice: *Inclina tu oreja*. Y este peligro es ofrecerse a alguna persona devota revelaciones o visiones, o otros sentimientos espirituales; los cuales muchas veces, permitiéndolo Dios, trae el demonio para dos cosas: una, para, con aquellos engaños, quitar el crédito de las verdaderas revelaciones de Dios, como también ha procurado falsos milagros para quitar el crédito de los verdaderos; otra, para engañar a la tal persona debajo de especie de bien, ya que por otra parte no pueda. Muchos de los cuales leemos en los tiempos pasados, y muchos hemos visto en los presentes, los cuales deben poner escarmiento y dar aviso a cualquiera persona deseosa de su salud, a no ser fácil en creer estas cosas, pues los mismos que tanto crédito primero les daban, dejaron y avisaron, después de haber sido libres de aquellos engaños, que se guardasen los otros de caer en ellos.

a) ENGAÑOS PASADOS

Gersón cuenta haber acaecido en su tiempo muchos engaños de aquesto. Y dice haber sabido de muchos que decían y tenían por muy cierto haberles revelado Dios que habían de ser papas, y alguno de ellos lo escribió así, y por conjeturas y otras pruebas afirmaban ser verdad. Y otro, teniendo el mismo crédito que había de ser papa, después se le asentó en el corazón que había de ser anticristo, o a lo menos mensajero, y después fue gravemente tentando de matarse él mismo, por no traer tanto daño al pueblo cristiano, hasta que por la misericordia de Dios fue sacado de todos estos engaños, y los dejó, enseñándolo para cautela y enseñanza de todos.

b) ENGAÑOS DE ESTOS TIEMPOS

No han faltado en nuestros tiempos personas que han tenido por cierto que ellos habían de reformar la Iglesia cristiana, y traerla a la perfección que en su principio tuvo, o a otra mayor. Y el haberse muerto sin hacerlo, ha sido suficiente prueba de su engañado corazón, y que les fuera mejor haber entendido en su propria reformación que con la gracia de Dios les fuera ligera, que, olvidando sus proprias conciencias, poner los ojos de su vanidad en cosa que Dios no la quería hacer por medio de ellos.

Otros han querido buscar sendas nuevas, que les parecía muy breve atajo para llegar presto a Dios. Parecíales que, dándose una vez perfectamente a Él, y dejándose en sus manos, eran tanto amados de Dios, y regidos por el Espíritu Santo, que todo lo que a su corazón venía no era otra cosa sino lumbre e instinto de Dios. Y llegó a tanto este engaño que, si aqueste movimiento interior no les venía, no habían de moverse a hacer obra, por buena que fuese. Y si les movía el corazón a hacer alguna obra, la habían de hacer, aunque fuese contra el mandamiento de Dios, creyendo que aquella gana que en su corazón sentían era instinto y libertad del Espíritu Santo que los libertaba de toda obligación de mandamiento de Dios, al cual decían que amaban tan de verdad que, aún quebrantando sus mandamientos, no perdían su amor. Y no miraban que predicó el Hijo de Dios, por su boca lo contrario de esto, diciendo: *Si alguno me ama guardará mi palabra. Y el que tiene mis mandamientos y los guarda, aquel es el que ama*, dando claramente a entender, que quien no guarda sus palabras, no tiene su amor ni amistad, porque, como dice San Augustín: «No puede uno amar al rey, cuyo mandamiento aborrece».

Y lo que el Apóstol dice, que *al justo no le es impuesta ley* y que, *donde está el Espíritu del Señor, allí hay libertad*, no se ha de entender que el Espíritu Santo haga a ninguno, por justo que sea, libertado de la guarda de los mandamientos de Dios, mas antes, cuanto más se les comunica, más amor les pone, y, creciendo el amor, crece el cuidado y gana de guardar más y más las palabras de Dios, más amado: Si no que, como este Espíritu sea eficacísimo y haga el hombre verdadero y ferviente amador, pónele tal disposición en el ánimo que no le es pesada la guarda de los mandamientos de Dios, antes muy fácil, y tan sabrosa que diga David: *Cuán dulces son para mi garganta tus palabras, más que la miel para mi boca.* Porque, como este Espíritu ponga perfectísima conformidad en la voluntad del hombre con la voluntad de Dios, haciéndole que sea un *espíritu con él* que quiere decir, tener un querer y no querer, necesariamente ha de ser al hombre sabrosa la guarda de la voluntad de Dios, tanto que si la misma ley de Dios se perdiese, se hallaría escripta por el Espíritu Santo en la voluntad del tal hombre, pues está conforme con la voluntad de Dios, que hizo la ley.

Y como sea fácil y dulce uno obrar lo que ama, de ahí es que quien aqueste Espíritu de Dios, que hace libre tiene en abundancia, obra tan sin pesadumbre y sin captiverio que, aunque no hobiese infierno que amenazase ni paraíso que convidase, ni mandamiento que constriñese, obraría por sólo el amor de la voluntad de Dios lo que obra; y todo lo que sufriese le sería agradable; como un amoroso hijo reverencia y ama a su padre, y cumple sus palabras, por sólo el amor libre que del filial parentesco se causa en su corazón, sin mirar a otra. Pues como el Espíritu de Dios obró en el corazón del hombre para con Dios lo que la generación humana en el corazón del hijo para con su padre, hácele obrar por puro amor, sin que ninguna cosa le sea carga. Y tras este perfeto amor viene perfeto aborrecimiento de todo pecado, y viene la perfeta confianza, que quita toda tristeza y temor. Y quitándole del corazón maldad y temor, quítale toda pesadumbre y hácele libre de toda carga; sufre los trabajos no sólo con paciencia, mas con alegría. Y porque ninguna cosa tiene sobre su cuello que se le apegue, dícese no ser esclavo, mas *libre*, que obra por puro amor, y no forzado por las promesas o amenazas de la ley. Y por eso dice que *no le es puesta ley*; porque, aunque la guarda, no siente aquella pena con ella que suelen sentir los que hallan su corazón contrario a la ley, los cuales obran no por amor ni con delites, mas apremiados y compelidos con el temor de la ley. De manera que, aunque al justo lo es puesta ley, y es obligado a guardarla, se dice no le ser puesta por el espíritu que le da, y el amor que liberta, no de la guarda de ella, mas de la carga de ella, que hace que no esté él debajo de ella como caído y entristecido y atemorizado, mas encima de ella, sintiendo su corazón tan lleno de amor que le hace obrar con deleite lo que ella manda con majestad. No porque es mandado con imperio cargoso, sino porque obrada a Dios entrañablemente amado. Por el cual aun haría hombre más de lo que la ley manda, si menester fuese, ardiendo con mayor fuego que el que la misma ley pone. Y así no está justo debajo de ley, haciéndosele de mal lo que ella manda, mas está encima de ella, porque se deleita en el cumplimiento de ella. Y cuanto tiene de amor, tanto tiene de libertad.

Y así se ha de entender lo que dice el apóstol: *Si sois llevados por el espíritu, no estáis debajo de ley*. Como si dijese. El espíritu hace que no os tenga apremiados ni derribados la ley como con peso. Y por eso se dice este espíritu hacer libres, porque quita la gana del pecar, y la pesadumbre de la ley, y las tristezas y congojas que suelen dar los trabajos, y hace robustos y fuertes contra el pecado, y amorosos para con la ley, y gozosos en los trabajos, mas no quebrantadores de los mandamientos de Dios, antes en esto más servidores, porque más amadores; y en quebrándose uno de los mandamientos de Dios, este espíritu se va luego, según está escripto, que *se aparta de los pensamientos que son sin entendimiento, y será echado del ánima, por venir a ella la maldad*. No diga, pues, nadie quebrantando mandamiento de Dios, que sea justo o libre con el amor de Dios; porque, como no hay *participación de luz en tinieblas* así no la hay entre Dios y el que peca, según está escripto, que *es aborrecible a Dios el malo y su maldad*.

c) REGLAS PARA NO ENGAÑARSE

Heos querido dar cuenta de este tan ciego error, como poniéndoos ejemplo por donde saquéis otros muchos tan torpes y más que aqueste, en los cuales han caído en tiempos pasados y presentes los que han querido dar crédito ligeramente a lo que sentían en su corazón, creyendo ser todo de Dios, y porque vuestra ánima no sea una de aquestas, notaréis las reglas siguientes, pidiendo a nuestro Señor que él, mediante ellas, os libre de lazo tan peligroso.

1. No desear revelaciones

Sea la primera, que tengáis mucho aviso de no consentir poco ni mucho vivir en vos el deseo de visiones o revelaciones, o cosas semejantes; porque es señal de soberbia o curiosidad peligrosa. De lo cual

San Augustín fue en algún tiempo tentado, y suplicaba con mucha instancia a nuestro Señor no le dejase consentir en ello; cuyas palabras son éstas: «¡Con cuántas artes de tentaciones trabajó conmigo el demonio porque pidiese a ti, Señor, algún milagro!; más ruégote, por amor de nuestro rey Jesucristo, y por nuestra ciudad Jerusalén, la del cielo, que es casta y sencilla, que así como está lejos de mí el consentimiento de aquesta tentación, así lo esté siempre más y más lejos». Y San Buenaventura dice que muchos han sido derribados en muchas locuras y errores por el deseo de aquestas cosas, y dice que antes deben ser temidos que deseados.

2. *No ensoberbecerse, si se tienen*

Y si, sin quererlas vos, os vinieren, no os alegréis vanamente, ni les deis luego crédito, mas recorred luego a nuestro Señor suplicándole que no sea servido de llevaros por este camino, pues hay otros muchos más dignos a quien puede su Majestad tomar por instrumentos para estas cosas, y a vos que os deje obrar vuestra salud en humildad, que es camino seguro. Especialmente habéis de mirar aquesto cuanto la revelación o instinto interior os convidare a reprehender, o avisar de alguna cosa secreta a tercera persona, cuanto más, si es sacerdote, o perlado, o semejante persona; desechar muy de corazón estas cosas, y decir como dijo Moisén: *Suplícote Señor, envíes el que has de enviar.* Y como Jeremías decía: *Mochacho soy, Señor, y no sé hablar*, teniéndose entrambos por insuficientes, y huyendo de ser enviados a corregir y avisar a los otros.

Y no temáis que por esta resistencia humilde se enojará o ausentará nuestro Señor, antes se acercará más, y lo aclarará más, pues que quien *da su gracia a los humildes*, no la quitará a que ya ha dado a los que lo son. De San Ambrosio leemos que, apareciéndole ciertas noches la figura de San Pablo, y de Gamaliel no dio crédito que aquello fuese de parte de Dios; mas suplicóle muchas veces, que, si era alguna ilusión del demonio, él la hiciese huir, y, si era cosa buena, él la aclarase. Mas, para que diese crédito a cosa cierta, y no estuviese penado cada duda, y acrecentando él los ayunos y oraciones, certificóle nuestro Señor que aquella visión no era engaño, mas cosa de él. Y entonces se aseguró. De un padre del yermo leemos que, apareciéndole uno en figura del crucifijo, no solo no lo quiso adorar ni creer, mas cerrados los ojos, dijo: «No quiero ver en este mundo a Jesucristo, que abástame que lo vea en el cielo». Con la cual repuesta huyó el demonio, que con figura ajena quería engañar al ermitaño. Otro padre respondió a uno que decía ser el ángel enviado a él de parte de Dios: «Yo no he menester ni soy digno de mensajes de ángeles; por eso mira a quien te enviaron, que no es posible que te enviaron a mí, ni te quiero oír». Y así con esta humilde respuesta huyó el demonio soberbio.

Y por esta vía de humildad, y de desechar de corazón estas cosas, han sido muchas personas libres por la mano de Dios de muy grandes lazos que por esta vía el demonio les tenía armados, probando en sí mismos lo que dice David: *El Señor guarda a los pequeñuelos, humilléme yo, y libróme Él.* Y en otra parte dice: *Él me libró del lazo de los cazadores*; y, por el contrario, hallando la falsa revelación o instinto del demonio, algún aplacimiento liviano en el corazón de quien le recibe, prende allí y toma fuerzas para del todo engañar, permitiéndolo Dios no sin justo juicio. Porque, como dice San Augustín, *la soberbia merece ser engañada*. Estad, pues, tan limpio de aqueste aplacimiento, y de pensar que sois algo para aquestas revelaciones, que se mude vuestro corazón del lugar humilde en que antes estaba debajo del temor santo de Dios. Y así os habed en ellas como si no os hobieran venido, esperando la voluntad y mandamiento del Señor en todas las cosas, el cual aclare a lo que cerca de ellas habéis de tener y a que estéis libres del deseo curioso de aquestas cosas.

3. *No darles crédito fácilmente*

Resta deciros en esto tres reglas cómo se conocerá ser un espíritu de revelación bueno o malo. La cual cuestión no sabría decir si es más necesaria que dificultosa de saber. Porque, si al Espíritu bueno de Dios tenemos por espíritu malo del demonio, ¿qué blasfemia puede ser peor y en qué diferimos de los miserables fariseos contraditores de la verdad de Dios, que atribuyen al espíritu malo las obras que Jesucristo nuestro Redemptor hacía por el Espíritu Santo? Y, si con facilidad de creencia aceptamos el instinto al espíritu malo por cosa del Espíritu Santo, ¿qué mayor mal que de éstos, que seguir las tinieblas por luz, y el engaño por verdad, y lo que peor es al demonio por Dios? En entrambas partes hay peligro grande, o teniendo a Dios por demonio o al demonio por Dios. Y cuán gran necesidad haya de saber distinguir y estimar cada cosa de éstas en lo que ella es, ninguno hay, por ciego que sea, que no lo vea. Mas cuán clara está la necesidad, tan ascondida y dificultosa está la certificación y lumbre de aquesta duda. Y así como no es de todos profetizar o hacer milagros, con otras semejantes gracias, sino de aquellos a quien el Espíritu Santo por su voluntad las reparte, así como no es dado al espíritu humano, por sabio que sea, juzgar con certidumbre y verdad la diferencia de los espíritus, si no fuese alguna cosa muy clara contra la Escriptura o Iglesia de Dios. Necesaria es en todo caso lumbre del Espíritu Santo, que se llama *discreción de espíritu*, con la cual entrañable inspiración y alumbramiento se hace huir todo error, y opinión y duda. Y juzga el hombre, que este don tiene, cuál es el espíritu de verdad o de mentira, sin error. Y si nuestro Señor os ha dado este don, excusado es daros otra enseñanza más; sino, para alguna ayuda de aquesta cosa tan alta, miraréis los siguientes avisos, sacados de las palabras de Dios, y de sus santos.

2. AVISOS DE DISCRECIÓN DE ESPÍRITUS AVISO PRIMERO PARA CONOCER LAS REVELACIONES

a) CONFORMIDAD CON LA SAGRADA ESCRITURA

Sea el primero, que la tal revelación o espíritu no venga sola, mas acompañada de la Escritura de Dios, contenida en el Viejo y Nuevo Testamento, y nuevas cosas conformes a la enseñanza y vida de Cristo y de los santos pasados.

De esta manera leemos que, cuando apareció Cristo en el monte Tabor, no fue solo, mas con copia de abonados testigos. No porque Él los hobiese menester, pues es verdad inmutable, de cuya participación reciben firmeza todas las otras verdades, mas por darnos a entender que así como en otras cosas Él padeció y hizo por nuestro ejemplo lo que mirando a Él no había necesidad de hacerlo, así trayendo testigos el que no los hubo menester, se nos da a entender que no debemos recibir cosa ninguna de aquestas, si no trae por testigos al Viejo Testamento con sus profetas, que son figurados en Moisén y Elías, y al Nuevo y doctrina apostólica, figurado en San Pedro, San Juan y Santiago, que presentes estaban. En la cual enseñanza hemos de estar tan firmes que, si el ángel del cielo contra ésta nos enseñase, no lo hemos de creer, mas tenerlo por engaño y maldición, como dice el apóstol San Pablo.

Lo cual no se dice porque el ángel bueno pueda enseñar cosa contra la Escritura de Dios, mas, para que sepamos que hemos de dar mayor creencia que a criatura del cielo ni de la tierra a la Escriptura divina, pues quien en ella habló es más alto y más verdadero que todos; y ella es el sello real que hace dar crédito a las revelaciones y dotrinas que concuerdan con ella, y es el cuño donde está la verdadera moneda de la verdad de Dios, a la cual se ha de venir a examinar toda otra cosa para ser aprobada, si fuere conforme, o reprobada, si discordare. E ya os he arriba avisado, y por eso no lo torno a decir, que la interpretación de esta Escriptura no ha de ser por humano sentido, mas por luz del Espíritu Santo, que alumbra a su Iglesia y a los santos dotores que en ella han hablado.

b) NO HAYA MENTIRA

El segundo aviso sea, que estéis muy atenta en la tal revelación o instinto a ver si hay en ella alguna mentira.

Porque, si la cosa es de Dios, desde el principio hasta el fin hallaréis verdad sin mezcla de mentira, ni de salir en balde lo que Él dijere; mas lo que es del demonio muchas veces hay mil verdades, para hacer creer una mentira. Y avísoos que no seáis fácil a dar crédito a palabras de revelación, que por voz corporal oyéredes, o a las que dentro del ánima os fueren dichas, las cuales, aunque a algunas ignorantes parecen ser todas de parte de Dios, por ver que el ánima las percibe tan claramente como si con las orejas del cuerpo las oyesen, y sienten de cierto que no salen de ella, sino que les son de otro espíritu dichas; mas, aunque así sea, muchas de ellas, y muchas veces, son del demonio, que puede hablar a nuestra ánima como un hombre a nuestro cuerpo. Y muchas de estas tales palabras interiormente dichas al ánima he visto yo en personas haber sido llenas de engaño, y del espíritu de la falsedad.

Esperad, pues, hasta el fin, y mirad si se mezcla alguna mentira, y, si se mezcla, tenedlo todo por sospechoso y examinadlo con diligencia doblada.

c) TRAIGA PROVECHO ESPIRITUAL

Sea el tercero aviso, que la tal revelación traya algún provecho y edificación para el ánima, dejando el corazón más aprovechado que antes, instruyéndolo de cosa saludable. Porque, si un hombre bueno no habla cosas ociosas, menos las hablará nuestro Señor, el cual dice: *Yo soy el Señor, que te enseño cosas provechosas, y te gobierno en el camino que andas.* Y cuando viéredes que no hay cosa de provecho, mas marañas y vanidad, tenedlo por fruto del demonio que anda por engañar, o hacer perder tiempo a la persona a quien la trae, y a las otras a quien se cuenta; y cuando más no puede, con este perdimiento de tiempo se da por contenta.

d) CIERTA SEÑAL ES LA HUMILDAD

Otros muchos avisos se suelen dar para esto mismo, así como si la visión trae al principio espanto y después sosiego, suélese tener por buena. Y, si al contrario, por sospechosa. Mas la más cierta señal que asegura lo que el ánima tiene ser de Dios es la humildad. Lo cual pone tal peso en la moneda espiritual, que suficientemente la distingue de la falsa y liviana moneda. Porque, según dice San Gregorio: «Evidentísima señal de los escogidos es la humildad, y de los reprobados es la soberbia». Mirad, pues, qué rostro queda en vuestra ánima de la visión o consolación, y espiritual sentimiento. Y, si os veis quedar más humilde y avergonzada de vuestras faltas, y con mayor reverencia y temblor de la infinita grandeza de Dios, y no tenéis deseos livianos de comunicar con otras personas aquello que os ha acaecido, ni tampoco vos ocupáis mucho en mirarlo o hacer caso de ello, mas echaislo en olvido, como cosa que puede traeros alguna estima de vos; si alguna vez os viene a la memoria, humillaisos y maravillaisos de la gran misericordia de Dios que a cosas tan viles hace tantas mercedes, y sentís vuestro corazón tan sosegado y más en el propio conocimiento, como antes que aquello os viniese lo estábades, pensad que aquella visitación fue de parte de Dios, pues es conforme a la enseñanza y verdad de Él, que es que el hombre sea bajo y despreciado en sus propios ojos. Y de los bienes que de Dios recibiere se conozca por más obligado y avergonzado, atribuyendo toda la gloria a aquel de cuya mano viene todo lo bueno. Y con esto concuerda San Gregorio, diciendo: «Así el ánima que es llena del divino espíritu tiene sus evidentísimas señales, conviene a saber: verdad y humildad. Las cuales entrambas, si perfectamente en una ánima se juntaren, es cosa notoria que dan testimonio de la presencia del Espíritu Santo. Con esto mismo concuerda lo que dice el profeta Esaías: *Que lava el Señor la suciedad de las hijas de Sión en espíritu de juicio y en espíritu de ardor*, dando a entender que la visitación primero obra en el ánima juicio, que es darle a entender quién ella es y hacerla humillar, y después, como sobre cosa segura, enviarle el espíritu del amor con otros mil bienes.

Mas cuando es espíritu del demonio es muy al revés. Porque, al principio o al cabo de la revelación, o consolación, siéntese el ánima liviana, deseosa de hablar lo que siente, y con alguna estima de su proprio juicio, pensando que ha de hacer Dios grandes cosas en ella y por ella. Y no tiene gana de pensar en sus defetos, ni que otro se los diga ni reprehenda, mas todo su hecho es hablar y revolver en su memoria aquella cosa que tiene, y de ella querría que hablasen. Cuando estas señales y otras que demuestran liviandad de corazón vierdes, pronunciad sin duda ninguna que anda por allí el espíritu del soberbio demonio. Y de ninguna cosa que en vos acaezca, por buena que os parezca, ahora sea lágrima ahora sea consuelo, ahora sea conocimiento de cosas de Dios, y aunque sea ser subida *hasta el tercero cielo*, si vuestra ánima no queda con profunda humildad, no os fiéis en cosa ninguna, ni la recibáis, porque, mientras más alta es, es más peligrosa y haceros ha dar mayor caída. Pedí a Dios gracia para conoceros y humillaros, y sobre esto deos más lo que fuere servido. Mas, faltando esto, todo lo otro, por precioso que parezca, no es oro, sino oropel, y no harina de mantenimiento, sino ceniza de liviandad.

3. LA SOBERBIA, CAUSA DE ENGAÑOS. EL DIRECTOR ESPIRITUAL

Tiene este mal la soberbia, que despoja al ánima de la verdadera gracia de Dios y, si algunos bienes le deja, son falsificados para que no agraden a Dios y sean ocasión al que los tiene de mayor caída. Leemos de nuestro Redemptor que, cuando apareció a sus discípulos el día de su Ascensión, primero *les reprehendió la incredulidad y dureza del corazón*, y después los mandó ir a predicar, dándoles poder para hacer muchos y grandes milagros, dando a entender que a quien Él levanta a grandes cosas, primero le abate en sí mesmo, dándole conocimiento de sus proprias flaquezas para que, aunque vuelen sobre los cielos, queden asidos a su propria bajeza, sin poder atribuir a sí mismo otra cosa sino su indignidad.

Mas habéis de notar que muchos sienten en sí mismos su propria vileza, y cuán nada son de su parte, y paréceles que atribuyen primeramente la gloria a Dios de todos sus bienes y tienen otras muchas señales de humildad, y con todo esto están llenos de soberbia y tan enlazados de ella, cuanto ellos más libres piensan estar. Y ésta es la causa, porque ya que vivan en verdad, por no atribuir los bienes a sí, viven en engaño por pensar que son sus bienes más y mayores de lo que a la verdad son. Y piensan tener de Dios tanta lumbre que ellos solos bastan para regirse en el camino de Dios, y aun para regir a otros, sin conocer persona que sea suficiente para los regir. Son en gran manera amigos de su parecer, y aún tienen en poco algunas veces lo que los santos pasados dijeron, y lo que a los santos de Dios, que en su tiempo viven, parece. Y játanse tener el espíritu de Cristo, y ser regidos por Él, y no haber humano consejo, pues con tanta certidumbre Dios les satisface en sus corazones. Piensan, como San Bernardo dice, que hay nublado en las casas ajenas, y que en solas las suyas luce el sol. Desfrezan y desprecian a todos los sabios, como Goliad al pueblo de Dios. Sólo aquél es bueno en su juicio que con ellos se conforma, y no hay cosa que más molesta les sea que hallar quien los contradiga. Quieren ser maestros de todos y creídos de todos, y ellos a ninguno creen. Y a la discreción cauta de los experimentados llaman tibieza y temor. Y a los desenfrenados fervores y novedades, llenas de singularidad, o causadoras de alborotos, llaman libertad de espíritu y fortaleza de Dios. Y aunque trayan en la boca casi a la contina: «Y esto me dijo mi espíritu», «y esto tengo por prueba muy suficiente», mas otras veces alegan la Escritura de Dios, mas no la quieren entender como la Iglesia y santos la entienden, mas como a ellos parece, creyendo que no tienen ellos menos lumbre que los pasados, antes que los ha tomado Dios por instrumento para cosas mayores que a ellos. Y así, haciendo ídolo de sí mismo, y poniéndose encima de las cabezas de todos con abominable altivez, es tan miserable el engaño de ellos, que, siendo extremadamente soberbios, se tienen por perfetos humildes, y, creyendo que en solos ellos mora Dios, está Dios muy lejos de ellos, y lo que piensan que es luz es muy escuras tinieblas. De éstos dice Gersón: «Hay algunos a los cuales es cosa agradable ser guiados por su parecer proprio y andar en sus invenciones. Guíalos, o por mejor decir, arrójalos su propia opinión, que es peligrosísima guía. Macéranse con ayunos demasiadamente, velando mucho; turban y desvanecen el celebro con demasía de lágrimas. Y entre estas cosas no creen amonestación ni consejo de nadie. No curan de pedir consejo a los sabios en la ley de Dios, ni se curan de oírlos, y cuando los oyen, o piden consejo, desprecian sus dichos y es la causa, porque han hecho entender de sí mismos que son ya alguna cosa, y que saben mejor que todos qué es lo que les conviene hacer. De estos tales yo pronuncio que presto caerán en toda ilusión de demonios. Presto caerán en la piedra del tropiezo, porque son llevados con ciega precipitación y ligereza demasiada. Por tanto, cualquiera cosa que dijeren de revelaciones no acostumbradas, tenlo por sospechoso». Todo esto dice Gersón.

a) LOS SANTOS HABLAN DE LA NECESIDAD DEL DIRECTOR

Ítem dice San Augustín, reprendiendo a los que quieren ser enseñados inmediatamente por Dios y no por medio de los hombres: «Huyamos tales tentaciones que son soberbiosísimas y peligrosas, antes pensemos cómo el mesmo Apóstol San Pablo, aunque fue postrado y enseñado con voz celestial, con todo eso fue enviado a hombre para recebir los sacramentos, y ser encorporado en la Iglesia. Y Cornelio centurión fue enviado a San Pablo, no solamente para recebir sacramentos, mas para oír de él lo que había de creer y y esperar y amar. Porque, si no hablase Dios a los hombres por boca de hombres, muy abatida cosa sería la condición humana. ¿Y cómo sería verdad lo que está escripto; *el templo de Dios santo es, que sois vosotros*, si no diese Dios respuestas de este templo, que son los hombres, mas todo lo que quisiese que aprendiesen los hombres se lo hubiese de decir desde el cielo, y por medio de ángeles? Y también la misma caridad no tenía entrada para que se juntasen y comunicasen los corazones de unos con otros, si los hombres no aprendiesen mediante otros hombres. San Felipe fue enviado al eunuco. Y Moisén recibió el consejo de su suegro Yetró». Todo esto dice San Agustín. Ítem dice San Joan Clímaco que el hombre que se cree a sí mismo no ha menester que le tiente demonio, porque él mismo se es demonio para sí. Ítem dice San Hierónimo: «No quise yo seguir mi proprio parecer, el cual suele ser muy mal consejero». Ítem San Vicente aconseja mucho que el hombre que quisiere ser espiritual tenga algún maestro por quien se rija; y, si lo puede haber y no lo toma, que nunca le comunicará Dios la gracia por su soberbia. San Bernardo y San Buenaventura a cada paso aconsejan lo mismo. Y la Escriptura de Dios está llena de esto mismo, que unas veces dice: *¡Ay de vosotros sabios en vuestros ojos y delante de vosotros mismos prudentes!*; y en otra parte: *Si vieres algún hombre que se tiene por sabio, cree que más bien librado que éste será el ignorante.* Y San Pablo nos amonesta: *No queráis ser sabios acerca de vosotros mismos,* y el Sabio dice: *Si no dijeres al necio las cosas que él cree en su corazón no recibirá las palabras de prudencia.* Y en otra parte: *Si inclinares tu oreja, recibirás dotrina; y si amares el oír, serás sabio.* Y, por no ser prolijo, digo que la Escriptura y las amonestaciones de los santos, y las vidas de ellos, y las experiencias que hemos visto, todas a una boca nos encomiendan que no nos arrimemos a nuestra prudencia, mas que inclinemos nuestra oreja al ajeno consejo. Porque de otra manera, ¿qué cosa habría más sin orden que la Iglesia de Dios, o cualquiera congregación, si cualquiera ha de seguir su parecer, pensando que acierta? ¿Y cómo puede ser que el espíritu de Cristo, que es espíritu de humildad, y paz, y de unión, mueva y enseñe a uno a ser en contrario de todos los otros en quien el mismo Dios mora? ¿Y cómo puede nacer del que se tenga un hombre en tanta estima que no se halle en la congregación de los hombres? ¿Quién lo puede enseñar ni juzgar de él, si su espíritu es bueno o malo? Porque, como dice San Augustín, no dejaría de tomar este ajeno consejo y obedecer, sino por que piensa, por su soberbia, que es mejor que el otro que le aconseja. E ya que sea tanta su soberbia que crea que es mejor que los otros, debe pensar que así como puede ser uno menos bueno que otro, y tener don de profecía, de sanar enfermos o semejantes dones, de los cuales carezca el que es mejor, así puede ser que el que es menor en otros dones sea mayor en tener don de consejo, o de discreción de espíritus, de los cuales carezca el otro que era mayor. Y, pues Dios es tan amigo de humildad y paz, no tema nadie que, si lo que tiene es de Dios, se vaya o se pierda por sujetarse por el mismo Dios al ajeno parecer, antes más y más se confirmará. Y si de otra parte fuere, huirá. Y si su sabiduría es infundida de Dios, mire que una de las condiciones de ella, según dice Santiago, es ser suadible.

Y mire que llama San Augustín a estos pensamientos soberbísimos y peligrosísimos, porque, aunque sea peligrosa la soberbia de la voluntad, que es no querer obedecer a voluntad ajena, muy más peligrosa es la soberbia del entendimiento, que es, creyendo a su parecer, no sujetarse al ajeno. Porque el soberbio en la voluntad alguna vez obedeciera pues tiene por mejor el ajeno parecer. Mas quien tiene asentado en sí que su parecer es mejor, ¿quién lo curará? ¿Y cómo obedecerá a lo que no tiene por tan bueno? *Si el ojo del ánima*, que es el entendimiento, con que se había de ver y curar la soberbia, ese mismo *está ciego* y lleno de la misma soberbia, ¿quién lo curara? *Y si la luz* se *torna tinieblas*, y si la regla se tuerce, ¿qué tal quedará lo demás? Y son tan grandes los males que vienen de aquesta soberbia que turban a todos con cuantos contratan; porque con quien defiende su parecer proprio y es amigo de él, ¿quién hay que en paz pueda vivir? Y porque del todo maldigáis y huyáis de este vicio, sabed que llega su mal hasta hacer a los que eran buenos cristianos ser perversos herejes. Ni por otra cosa lo han sido, ni son, sino por creer más a su parecer proprio que el de la

Iglesia y de sus mayores. Pensaban ellos que acertaban, y que lo que en sus corazones pasaba era obra de Dios; y que si creían más al parecer ajeno que a lo que en sus corazones sentían, dejaban a Dios por el hombre, la luz por las tinieblas, mas la experiencia y verdad nos demuestran, que lo que pensaban ser espíritu de verdad era espíritu de engaño; el cual, cuando por otra parte no los pudo vencer, combatiólos *transformándose en ángel de luz* debajo de semejanza de bien, y así quitóles la vida y el alma. Y todo esto por no querer sujetarse a creer parecer ajeno.

Por tanto, doncella, así como os amonesto que seáis enemiga de vuestra voluntad y mandar, así, y mucho más, os mando que seáis capital enemiga de vuestro parecer, y de querer salir con la vuestra. Sed enemiga de él en vuestra casa y fuera de casa. Y, aunque sea en cosas livianas, no lo sigáis, porque a duras penas hallaréis cosa que tanto turbe el sosiego que Cristo quiere en vuestra ánima, como el profiar y querer salir con la vuestra. Y más vale que se pierda lo que vos deseábades que se hiciese que cosa que tanto habéis menester para gozar de Dios, como es el reposo de vuestra conciencia.

Por tanto, hacedos tan baja y sin contradición, y sujeta a toda criatura, como dice San Pedro, que pueda cualquiera pasar por vos y hollaros *como a un poco de lodo*. Y haced cuenta que primero vuestra madre, y después todas las demás, son vuestra abadesa. A las cuales obedeced con profunda humildad, sin cansaros, pensando que no es muy amiga de obediencia la sierva de Dios que a su sola abadesa o madre obedece, mas que debe buscar la dicha obediencia en todas partes que la pudiere hallar, con mayor deseo que la sierva del mundo y de la vanidad huye de obedecer y desea mandar. Y, para que ligeramente y con gozo hagáis esto, traed a la memoria cuando el soberano Maestro y Señor se hincó de rodillas a lavar los pies de aquellos que bien le querían, y de aquel que empleó los pies lavados en ir a entregar a la muerte al que con tanto amor se los había lavado. Y aunque estas cosas en que os digo que sigáis voluntad y parecer ajeno sean de asco, y os parezcan de poca importancia, no lo dejéis de hacer, porque, allende de evitar la turbación de corazón que es pestilencia del ánima, acostumbraros heis poco a poco a obedecer voluntad y parecer ajeno en casos mayores, porque ya sabéis que los que se han de ver en alguna obra de afrenta se suelen primero ensayar en cosas livianas, para estar algo endustriados en las que son de verdad mayores. Y así creed que quien tiene acostumbrado su entendimiento a salir en cada cosita con la suya y hace ídolo de él, estimándolo por más sabio que otro, hallarse ha de nuevo y no se humillará tan sin pena a las cosas de Dios, como el que en ninguna cosa le deja salir con la suya, mas a cada paso le corrige y humilla como ignorante.

b) CUALIDADES DEL DIRECTOR

Y así, ejercitándoos en estas pocas cosas con obediencia, conviene que, para lo que toca al regimiento de vuestra conciencia, toméis por guía y padre alguna persona letrada y ejercitada y experimentada en las cosas de Dios. Y no toméis a quien tenga lo uno sin lo otro, porque las solas letras en ninguna manera bastan a regir los particulares movimientos ni necesidades del ánima, ni a saber juzgar de las cosas espirituales, y muchas veces pensará ser engaño del demonio las que son mercedes de Dios, como hicieron los apóstoles que, andando en tormenta de la mar y tinieblas, pensaron que quien venía a ellos andando sobre la mar *era* alguna *fantasma* siendo Cristo, que es verdad de Dios. Poneros han demasiados temores, condenándolo todo por malo. Y como en sus corazones están muy lejos de la experiencia del gusto e iluminaciones de Dios, hablan de ello como de cosa no conocida y a duras penas pueden creer que pasan en los corazones de los otros cosas más altas que las que pasan en el corazón de ellos. Otros hallaréis ejercitados en cosas de devoción, que se van ligeramente tras un sentimiento de espíritu y hacen mucho caso de él. Y si alguno les cuenta algo de aquestas cosas, óyenlo con admiración, teniendo por más santo al que más tiene de ellas; y aprueban ligeramente estas cosas, como si en ellas todo estuviese seguro; y, como no lo esté, muchos de éstos, por ignorancia, caen en errores y dejan caer a los que tienen entre manos, por no darles suficientes avisos contra las cautelas del demonio. Por lo cual no son buenos para regir tampoco, como los pasados.

Y pues tanto os va en acertar con buena guía debéis con mucha instancia pedir al Señor que os la encamine Él de su mano. Y, encaminada, fiadle con mucha seguridad vuestro corazón, y no escondáis cosa de él, buena ni mala: la buena, para que la examine y os avise; la mala, para que os la corrija. Y cosa de importancia no hagáis sin su parecer, teniendo confianza en Dios que es amigo de obediencia, que Él porná en el corazón y lengua a vuestra guía lo que conviene a vuestra salud. Y de esta manera huiréis de dos males y extremos: Uno, de los que dicen: «No he menester consejo de hombre, Dios me regirá y me satisface»; otros están tan sujetos al hombre, sin mirar otra cosa sino que es hombre, que les comprehende aquella maldición, que dice: *Maldito el hombre que confía en el hombre.*

Sujetaos vos a hombre, y habréis escapado del primer peligro; y no confiéis en el saber ni fuerza del hombre, mas en Dios que os hablará y favorecerá por medio del hombre. Y así habréis evitado el segundo peligro. Y tened por cierto que, aunque mucho busquéis, no hallaréis otro camino tan cierto ni tan seguro para hallar la voluntad del Señor, como este de la humilde obediencia, tan aconsejado por todos los santos, y tan obrado por muchos de ellos, según nos dan testimonio las vidas de los santos Padres, entre los cuales se tenía por muy gran señal de llegar uno a la perfección en ser muy sujeto a su viejo. Y, entre las muchas buenas cosas que en las órdenes de la Iglesia hay, por maravilla hallaréis otra tan buena como vivir todos debajo de obediencia.

Y porque hará esto mucho a vuestro propósito, acordaos cómo Santa Clara fue fidelísima y sujeta hija a San Francisco. Y Santa Elisabel, hija del rey de Hungría, a un religioso, el cual tenía tanto celo de ella que algunas veces la castigaba con azotes, y ella a él tanta reverencia, que los recibía con mucha paciencia y hacimiento de gracias. Otras muchas que sabemos y no sabemos han ganado mucho por este camino, cuando encontraban con buenas guías. Y así si Dios a vos os la deparare, tomad el consejo de nuestra letra que dice: *inclina tu oreja*; y viviréis con tal que os acordéis de lo que dice la Escriptura: *Pacífico sey ante muchos, mas consejero uno de mil*, dando a entender que, aunque debemos tener paz con todos, mas basta consejo con uno. Porque así como en lo corporal muchas manos diversas suelen más descomponer que ataviar, así suele acaecer en lo espiritual, en lo cual pocas veces hallaréis dos guías del todo conformes, si no fuesen muy enseñados por el Espíritu del Señor, que es espíritu de paz y unión, y tuviesen muy echado atrás su proprio sentido, que es causa de diversidad y rencillas; y porque pocas veces éstos se hallan, es bueno, sin decir mal de los otros, escoger a quien Dios os encaminare, *uno entre mil*, al cual en nombre de Dios inclinéis vuestra oreja con toda obediencia y seguridad.

III

EL SEÑOR NOS DA EJEMPLO

1. CÓMO NINGUNA CRIATURA OYE NI INCLINA SU OREJA A DIOS CON TANTA DILIGENCIA COMO ÉL LA INCLINA A SUS CRIATURAS

Tiene esto la gran bondad del Señor que para que sus mandamientos y leyes sean de nosotros guardados, hácelos fáciles en sí, y más fáciles por querer Él mismo pasar por ellos. Hanos mandado, según hemos oído, *que le oyamos y miremos, e inclinemos nuestra oreja*, lo cual todo es muy justo y ligero; porque a tal Maestro, ¿quién no le oirá? A luz tan deleitable, ¿quién no se deleitará de mirar? A sabiduría infinita, ¿quién no la creerá? Mas, para que lo ligero más ligero nos sea, Él pasa por esta ley que a nosotros pone, y la cumple con gran diligencia. *Él nos oye, y Él nos ve, Él nos inclina su oreja*, para que no digamos: «No tengo quien mire por mí, ni quiera escuchar mis trabajos».

1. El Señor nos oye con gran misericordia

Gran consuelo es a un desconsolado tener una persona que a cualquier rato del día, y de noche, esté desocupada para oír de buena gana los trabajos y agravios que le quiere contar, y que siempre, sin faltar un momento, esté mirando sus miserias y llegas, sin decir: «Cansado estoy de ver miserias, y asco me dan vuestras llagas». E ya que esta tal persona fuese de muy duro corazón, aún querríamos que nos oyese siempre y nos viese, porque creeríamos que, dando siempre a su corazón la gotera de nuestros trabajos, que, como por canal, entra a él por las orejas y ojos, algún día cabaría en él y sacaría compasión, pues, por duro que fuese, no sería tanto como piedra, la cual es cabada de la gotera, aunque algún rato cesa de dar. Y, aunque supiésemos que esta tal persona ningún remedio nos podía dar para nuestros trabajos, aun nos consolaríamos mucho con sola la compasión que de nos tuviese.

Pues, si a esta tal persona debríamos mucho agradecimiento, ¿qué debemos a Dios nuestro Señor y cuán alegres debemos estar por tener sus orejas y ojos atados con nuestros trabajos, que ni un solo rato los aparta de nos? Y esto, no con dureza del corazón, mas con entrañable misericordia, y no con misericordia de corazón solamente, mas con entero poder para remediar nuestras penas. ¡Bendito seáis, Señor, para siempre, que no sois sordo ni ciego a nuestros trabajos, pues los oís y veis, ni cruel, pues se dice de vos: *Hacedor de misericordias, y misericordias de corazón, es el Señor, esperador muy misericordioso*, ni tampoco eres flaco, pues todos los males del mundo son flacos y pocos, comparados a tu infinito poder, que no tiene fin ni medida!

2. Ejemplo del rey Ezequías

Leemos que en tiempos pasados concedió Dios una maravillosa vitoria de sus enemigos al rey Ezequías, el cual no hizo al Señor que le dio la vitoria aquellas gracias y cantares que era razón; por lo cual le hizo Dios enfermar, y tan gravemente que ningún remedio por naturaleza tenía. Y porque, con falsa esperanza de vivir, no se olvidase de poner cobro a su ánima, fue a él el profeta Esaías y díjole por mandado de Dios: *Esto dice el Señor: Ordena tu casa, porque sábete que morirás y no vivirás*. Con las cuales palabras atemorizado el rey Ezequías vuelve su cara a la pared, y lloró con gran lloro, pidiendo al Señor misericordia. Consideraba cuán justamente merecía la muerte, pues no fue agradecido al que le había dado la vida, y miraba la sentencia de Dios contra él dada, que decía: *No vivirás*. No hallaba otro superior que aquel que la dio, para pedir que se revocase. Y, aunque le hubiera, no tuviera buen pleito, pues al desagradecido justamente se quita lo que misericordiosamente se le había dado. Vióse *en la mitad de sus días* y acabarse en él la generación real de David, porque moría sin hijos, y allende de todo esto, era combatido de todos los pecados de su vida pasados. Cayó en temor de los que más suelen penar a la hora postrera. Y con estas cosas estaba su corazón quebrantado con dolor, y turbado así como mar, y adondequiera que miraba hallaba muchas causas de temor y tristeza; mas entre tantos males halló el buen rey remedio, y fue pedir medicina al que le había llagado, seguridad a quien le amedrentó, convertirse por arrepentimiento y esperanza al mismo de quien por ensoberbecerse huyó. Al mismo juez pide que le sea abogado, y halla camino como apelar de Dios no para otro más alto, mas apela del justo para el misericordioso. Y las razones que alega son acusarse, y la retórica son sollozos y lágrimas. Y puede tanto con estas armas en la audiencia de la misericordia que, antes que el profeta Esaías, pregonero de la sentencia de muerte, saliese de la mitad de la sala del rey, le dijo el Señor: *Toma, e di al rey Ezequías, capitán de mi pueblo: Oí tu corazón y vi tus lágrimas, yo te concedo salud, y te añado otros quince años de vida, y libra esta ciudad de tus enemigos.*

Señor, ¿qué es aquesto? ¿Tan presto metes tu espada en la vaina, y tornas la ira en misericordia? ¿Unas pocas de lágrimas derramadas, no en el templo, mas en el rincón de la cama, y no de ojos que miran al cielo, mas a una pared, y no de hombre justo, sino de pecador, y así te hacen tan presto revocar la sentencia que tu Majestad había dado y mandado notificar al culpado? ¿Qué es del sacar del proceso? ¿Qué es de las cosas? ¿Qué es de los términos? ¿Qué es del presentar unos y otros escriptos? ¿Qué es del tenerse por afrentado el juez, si le revocan la sentencia que dio? Todo lo disimulas con el amor que nos tienes, y a todo te haces sordo y ciego, por estar atento a hacernos mercedes. Y dices: *Oí tu oración y vi tus lágrimas.* Todo término se te hace breve para librar al culpado, porque ninguno deseó tanto alcanzar el perdón cuanto tú deseas darlo. Y más descansas tú con haber perdonado a los que deseas que vivan que el pecador con haber escapado de muerte. No guardas leyes, no dilaciones, mas la ley es que los que hubieren quebrantado tus leyes, quebranten solamente su corazón de dolor, y la dilación es *que en cualquier hora que el pecador gimiere sus pecados,* luego y sin dilación *no te acuerdes más de ellos.* Y porque los pecadores cobrasen ánimo para te pedir perdón de sus yerros, quisiste conceder a este rey más mercedes que él te pedía; quince años de vida y librar la ciudad, y tornarse el sol diez horas atrás, en señal que al tercero día subiría el rey sano al templo; con otras secretas mercedes que le heciste tú, benigno, que no desearías venirnos males, sino para sacar de allí mayores bienes, enseñando tu misericordia en nuestra miseria, tu bondad en nuestra maldad, tu poder en nuestra flaqueza.

Tú, pues, pecador, quienquiera que seas, que estás amenazado por aquella sentencia de Dios que dice: *El ánima que pecare, aquella morirá*, no desmayes debajo de la carga de tus grandes pecados y del incomparable peso de la ira de Dios, mas cobra ánimo en la misericordia de aquel *que no quiere la muerte del pecador, mas que se convierta y viva*. Y humíllate llorando a aquel que despreciaste pecando, y recibe el perdón de quien tanta gana tiene de dártela, y aun de hacerte mercedes mayores que antes, como hizo a este rey, al cual levantó sano del cuerpo y sano del ánima, como él da gracias diciendo: *Tú, Señor, libraste mi ánima porque no se perdiese, y arrojaste mis pecados tras tus espaldas*.

3. *¿Cómo es posible amenazar Dios y no cumplirse el castigo?*

Mas dirá alguno: ¿Cómo esta palabra de Dios, dicha a este rey: *Morirás y no vivirás*, no se cumplió, pues que las palabras que salen de su boca no son en vano? Para lo cual es de mirar que algunas veces manda el Señor decir lo que Él tiene en su alto consejo y eterna voluntad determinado que sea, y aquello así verná como se dice, sin ninguna falta. Y de esta manera mandó decir al rey Saúl que le había de de desechar y escoger en su lugar otro mejor. Y de la misma manera mandó amenazar al sacerdote Helí y así lo cumplió. Y de la misma manera al rey David, que le mataría el hijo que hubo de adulterio de Bersabé, y así fue. Y otras veces manda decir no lo que Él tiene determinado ultimadamente de hacer, mas lo que hará, si no se enmienda el hombre. O manda decir lo que le acaecerá, según orden de naturaleza, o según merecen sus pecados. Así, como si a uno que tuviese una herida mortal por naturaleza, le enviase a decir: «Morirás», entiéndese que, según las reglas naturales, no puede escapar de aquel mal, mas no por eso su palabra, si después le diese la vida, porque no le fue dicho sino lo que según las reglas o fuerza de naturaleza le había de venir y no lo que su poder sobrenatural podía hacer. También envió a decir a Nínive que *de ahí a cuarenta días sería destruida*, y después, por la penitencia de ellos, revocó esta sentencia. No tenía Él determinado de la destruir, pues después no lo hizo, mas envióles a decir lo que según el merecimiento de sus pecados les viniera, si no se enmendaran. Y aunque de fuera parece mudanza decir: *Será destruido*, y no destruirla, en la alta voluntad de Dios no es mudanza, el cual tenía determinado de no destruirla; mas este no destruirla era mediante la penitencia, a la cual los quería incitar con la amenaza. Como si un padre amenazase a su hijo con intención que se enmendase, para que no fuese menester castigarlo. E si este padre supiese que, con esta amenaza, el hijo se había de enmendar, aunque le enviase a decir: «Él me lo pagará», y después perdonase por su arrepentimiento, no hay mudanza en la voluntad de este padre, el cual nunca fue su intención castigar, mas perdonar, no sin medio, mas mediante la satisfacción del que había criado. Y esto es lo que Dios dice por Jeremías: *Súbitamente hablaré contra gentes, y contra reino que lo he de destruir de raíz y destrozar; mas, si aquella gente hiciere penitencia de su mal, haré yo también penitencia del mal que pensé hacerle. Y también súbitamente hablaré de gentes y reino que los he de edificar y plantar, mas si hicieren mal en mis ojos, no oyendo mi voz, haré yo también penitencia del bien que dije que le había de hacer.* De lo cual se saca que, porque no sabemos cuándo lo que Dios envía a decir es determinación ultimada, o es amenaza, no debemos desesperar, aunque amenazados, ni dejar de pedir que retoque la sentencia que contra nos tiene dada, como hizo este rey a la ciudad de Nínive, y fue hecho como quisieron. Y como hizo David, cuando oraba al Señor por la vida del hijo, que había dicho al profeta que había de morir; e, aunque no alcanzó lo que pidió, mas no pecó en pedirlo.

Y si Dios nos prometiere de hacer alguna merced, no nos hemos de descuidar con decir: «Cédula tengo de palabra de Dios, que a nadie engañó», porque dice el Señor *que, si nos apartáremos de hacer lo que Él quiere, Él hará penitencia del bien que nos prometió.* No porque en Dios haya arrepentimiento de cosa que diga o que haga, o que quiera, mas quiere decir que, así como uno que se arrepiente torna a deshacer lo que había hecho, así Él deshará la sentencia o el castigo que contra el hombre tenía dada, si el hombre hace penitencia y deshará el bien que le tenía prometido, si el hombre se aparta de Dios.

4. *Las orejas del Señor en los ruegos de los «justos»*

Tornando, pues, al propósito, bien claro parece cuán bien cumplió Dios esta ley: *Oye y ve,* pues tan presto *oyó* la oración y *vio* las lágrimas de este rey, y le consoló. No sólo a él, mas lo mismo hace con todos, como dice David: *Los ojos del Señor sobre los justos y sus orejas en los ruegos de ellos, para librar sus ánimas de la muerte, y para mantenerlos en tiempo de hambre.*

Bien creo que os parece bien aquesta promesa, y también creo que os pone temor la condición con que se dice. Y bienaventurada cosa es estar los ojos y orejas de Dios en nosotros. Mas diréis, ¿qué hace que dice *a los justos* e yo soy pecadora? Así lo conoced por verdad, porque, si hombres hubiera que no tuvieran pecados que pecaran, ¿quién era más razón que lo fuesen que los apóstoles de Jesucristo nuestro Señor, que, así como fueron los más cercanos a Él en la conversación corporal, así también lo fueron en la santidad? Y de ellos dice San Pablo que recibieron *las primicias del Espíritu Santo*, que quiere decir las mayores gracias. Y pues a éstos mandó el Señor el *Pater noster*, en el cual decimos: *Perdónanos nuestras culpas*, claro es que las tenían. Y pues ésta es oración de cada día, en la cual pedimos *el pan nuestro de cada día, dánoslo hoy*, claro es que por ella semos amonestados a conocer que, pues cada día la debemos rezar, cada día pecamos. Por lo cual dice aquel limpio de San Joan: *Si dijéremos que no tenemos pecado, nosotros nos engañamos, y la verdad no está en nosotros*. Pues si todos los hombres, cuantos ha habido y habrá (sacando al que es Dios y hombre, y a la que es verdadera Madre de Él) son pecadores, ¿decirme heis para quién se dijeron las dichas palabras: *Los ojos del Señor sobre los justos, y sus orejas en los ruegos de ellos*? Respondo: No es Dios achacoso ni cumplidor con solas palabras, mas vemos que al rey Ezequías, aunque pecador, le oyó e miró. Y lo mismo a otros innumerables. Mas sabed que *justo* se dice uno, cuando no está en pecado mortal, pues está amigo con Dios. Y de esta manera muchos ha habido justos, que son todos los que están en estado de gracia; y a éstos oye y mira el Señor, no obstante que tengan pecados veniales, de los cuales se entiende lo que hemos dicho, que todos son pecadores, como dice San Joan.

5. No se ensoberbezcan los «justos»: en ellos oye el Padre el clamor de Cristo

Mas, por oír nombre de justos, no venga algún pensamiento de ciega soberbia, con la cual se haga injusto el que se tenía por justo. La justicia de los que son justos no es suya, mas de Cristo, el cual es justo por sí y justificador de los pecadores que a Él se sujetan. Por lo cual dice San Pablo que la que es verdadera justicia delante los ojos de Dios es justicia por ser de Jesucristo, porque no consiste en nuestras obras proprias, mas en las de Cristo, las cuales se nos comunican por la fe, y así como nuestra justicia está en Él, así, si somos oídos de Dios, no es en nosotros, mas en Él. La voz de todos los hombres, por buenos que sean, sorda es delante las orejas de Dios, porque todos son pecadores de sí. Mas la voz de solo Cristo, pontífice nuestro, está acepta delante del Padre, que hace ser oídas todas las voces de todos los suyos.

    Esta voz, por ser tan grande se llama clamor, como dice San Pablo, hablando de Cristo: *Con clamor grande y lágrimas ofreciendo, fue oído por su reverencia.* Ofreció el Señor *ruegos* al Padre muchas veces por nosotros. Ofrecióle también en la cruz su proprio cuerpo, el cual fue tan atormentado que todo él era lenguas que daban voces al Padre, pidiendo por nos misericordia. Y por ser sus oraciones con entrañable amor hechas, por ser de persona al Padre tan aceptable, y por ser muy oídas y muy eficaces en las orejas del Padre, se llaman *clamor*. Mas muy mayor clamor fue el ofrecer su proprio cuerpo en la cruz, cuanto va de obrar a hablar, y de pagar a prometer, y de padecer a desear. Para la cual os debéis de acordar de lo que dijo Dios a Caín: *La voz de la sangre de tu hermano Abel da voces a mí desde la tierra.* Y también mira lo que dice San Pablo a los cristianos: *Llegado os habéis a un derramamiento de sangre, que clama mejor que la sangre de Abel.* La sangre de Abel derramada en la tierra daba clamores a la justicia divina, pidiendo venganza contra aquel que la derramó, mas la sangre de Cristo derramada en la tierra daba clamores a la misericordia divina, pidiendo perdón. La de Abel pide ira, ésta blandura. La primera obra enojó, esta reconciliación. La de Abel, venganza contra sólo Caín; ésta perdón para todos los malos que fueron y serán, con tal que ellos le quieran recibir, y aún para aquellos que derramándola estaban. La sangre de Abel a ninguno pudo aprovechar, porque no tenía virtud de pagar los pecados de otros; mas la sangre de Cristo lavó cielos y tierra y mar, *y sacó de las honduras* del limbo *a los que presos estaban*.

    Verdaderamente es grande clamor el de la sangre de Cristo, pidiendo misericordia; y pues hizo no ser oídas las voces de los pecados del mundo, que piden venganza contra los que los hacen, pensad, doncella, si un pecado sólo de Caín tales voces daba, pidiendo venganza, ¿qué grita, qué voces y estruendo harán todos los pecados de todos los hombres, pidiendo venganza a las orejas de la justicia de Dios? Mas por mucho que clamen, clama más alto, sin comparación, la sangre de Cristo, pidiendo perdón a las orejas de la misericordia divina. Y hace que no sean oídas y que queden muy bajas las voces de nuestros pecados, y que se haga Dios sordo a ellos, porque más sin comparación le fue agradable la voz de Cristo, que pidía perdón, que todos los pecados del mundo desagradables, pidiendo venganza. ¿Qué pensáis que significa aquel callar de Cristo y hacerse *como sordo que no oye, y como mudo que no abre su boca* en el tiempo que era acusado? Por cierto, que, pues los pecados por boca de aquellos que a Cristo acusaban daban voces llenas de mentiras contra quien no les debía nada, y Él, pudiendo con justicia responder, calló, que es bien empleado que, en pago de su atrevimiento, que al restante del mundo no puedan acusar los pecados aunque tengan justicia, mas sean mudos, pues acusaron al que no tenían por qué. Y pues Él se hizo sordo, pudiendo responder, justo es que se haga sorda la divina justicia, a la cual Cristo se ofreció por nosotros, aunque nosotros hayamos hecho cosas que pidan venganza.

Alegraos, esposa de Cristo, y alégrense todos los pecadores, si les pesa de corazón por haber pecado, que sordo está Dios a nuestros pecados para vengarlos, y muy atentas tiene sus orejas para hacernos mercedes. No temáis acusadores ni voces, aunque hayáis hecho por qué, pues el inocente cordero fue acusado y con su callar hizo callar las voces de nuestros pecados. Profetizado estaba *que había de callar como calla el cordero delante quien lo trasquila*. Mas mientras más callaba y sufría, más altas voces daba delante la divina justicia, pagando por nos, y estas *voces fueron oídas*, dice San Pablo, *por su reverencia*, quiere decir que, por la gran humildad y reverencia, con que *se humilló* al Padre *hasta la muerte, y muerte de cruz*, reverenciando en cuanto hombre aquella sobreexcelente Majestad divina, perdiendo la vida por honra de ella, fue oído del Padre, del cual está escripto: *Miró en la oración de los humildes, y no despreció el ruego de ellos*. Pues, ¿quién tan humilde como el bendito Señor que dice: *Aprende de mí que soy manso, y humilde de corazón*? Por eso fue oído, según estaba profetizado en su persona: *No quitó el Señor su faz de mí, y cuando clamé a Él me oyó*. Y el mismo Señor dice en el evangelio: *Gracias te hago, Padre, porque siempre me oyes*.

Pues no es maravilla que las orejas de Dios estén en los ruegos de los justos, porque, no siendo justos por sí, no son oídos por sí, mas por Cristo, que con su oración y padecer mereció ser oído. A Él oye el Padre cuando nos oye, y por Él nos oye, en señal de lo cual decimos en fin de las oraciones: Concédenos esto por nuestro, Señor Jesucristo. Lo cual el mismo Señor nos enseña, diciendo: *Cualquier cosa que pidierdes al Padre en mi nombre, os la dará*. Y porque no pensásemos que por Él, y no a Él, hemos de pedir, dice también: *Y cualquier cosa que me pidierdes en mi nombre yo lo haré*. Cristo hombre nos ganó con su padecer el ser oídos, y Cristo Dios, con el Padre y Espíritu Santo, es el que nos oye.

Oíd, pues, hija, a vuestro esposo, pues por él sois oída. La voz del cual, aunque ronca, en la cruz dio virtud a nuestras roncas voces, para que fuesen agradables a Dios. Y así como debemos de oír al Señor con el profeta Samuel, diciendo: *Habla, Señor que tu siervo oye*, así nos dice el Señor: *Habla, siervo, que tu Señor oye*. Y así como dijimos que el oír nosotros a Dios no es solamente recebir el sonido de las palabras más aplacernos y poner en obra lo que nos dice, así las orejas del Señor están puestas por Cristo en nuestros ruegos, no para solamente oír lo que hablamos, que de esa manera también oye las blasfemias que de Él se dicen, no para que se agrade, mas para castigarlas, mas oye el Señor nuestros ruegos para cumplirlos.

6. Antes de que clamemos nos oye el Señor

Y porque veáis cuán verdad es que oye el Señor los gemidos que le presentamos, oíd lo que dice el mismo Señor por Esaías: *Antes que clamen, yo los oiré*. ¡Oh bendito sea tu callar, Señor, que de dentro y de fuera en el día de tu prisión callaste: de fuera, no maldiciendo, no respondiendo; y en lo de dentro, no contradiciendo, mas aceptando con mucha paciencia los golpes y voces, y penas de tu pasión, pues tanto habló en las orejas de Dios que antes que hablemos seamos oídos!

Y esto no es maravilla, porque, pues siendo nada tú nos heciste; y, antes que te lo supiésemos pedir, nos mantuviste en el vientre de nuestra madre, y fuera de él, y, antes que pudiésemos conocer lo que tanto nos cumplía, nos diste adopción de hijos y gracia del Espíritu Santo en el santo baptismo; y antes que muchos pecados nos derribasen, tú nos guardaste; y, cuando caímos por nuestra culpa, tú nos levantaste y buscástenos, sin buscarte nosotros; y, lo que más es, antes que naciésemos, ya eras muerto por nos, y nos tienes aparejado tu cielo, no es mucho que de quien tanto cuidado has tenido, antes que lo tuviesen de ti, lo tengas en esto, que, viendo tú lo que habemos menester, nos lo des, no esperando a que nos cansemos en te lo pedir, pues tú te cansaste tanto en pedirlo y ganarlo por nos. ¿Qué te daremos, ¡oh Jesú benditísimo!, por este callar que callaste, y qué te daremos por estas voces que diste? Pluguiese a tu infinito amor que tan callados estuviésemos al ofenderte, y sufrir de buena gana lo que de nos quisieres hacer, como si fuésemos muertos; y tantas voces de tus alabanzas te pudiésemos dar, y tan vivos estuviésemos para ello, que ni nosotros, a quien redemiste, ni cielo, tierra, ni debajo de tierra, con todo lo que en ellos está, nunca cesásemos de con infinitas fuerzas y grande alegría contar tus loores.

7. Dios se huelga de oírnos

Y aún no te contentas, Señor, con tener tus orejas r puestas en nuestros ruegos, y oírnos antes que te roguemos, mas, como quien muy de verdad ama a otro, que se huelga de oírle hablar o cantar, así tú, Señor, dices al ánima por tu sangre redemida: *Enséñame tu cara, suene tu voz en mis orejas, porque tu voz es dulce y tu cara mucho hermosa.* ¿Qué es esto que dices, Señor? ¿Tú deseas oír a nosotros? ¿Nuestra desgraciada voz te es a ti dulce? ¿Cómo te parece hermosa la cara que, de afeada de muchos pecados, los cuales hecimos mirándonos tú, habemos vergüenza de alzarla a ti? Verdaderamente o merecemos mucho bien o nos amas tú mucho. No es lo primero, ni plega a ti que de tu buen tratamiento saquemos nosotros mal, creyendo que merecemos el bien que nos haces; mas es lo segundo, porque tú quieres agradar en los que por ti heciste amados y agradables a ti. Sea, pues, Señor, a ti gloria, en el cual está nuestro remedio. Y sea a nosotros, y en nosotros, vergüenza y confusión de nuestra maldad, mas en ti gozo y ensalzamiento, que eres nuestra verdadera gloria. En la cual nos gloriamos no vanamente, mas con mucha razón y verdad, porque no es poca honra ser tan amados de ti, que te entregaste a tormentos de cruz por nosotros.

2. LA MIRADA DE DIOS SOBRE NOSOTROS

Si bien hemos sabido considerar cuánta es la presteza con que Dios escucha nuestros ruegos y necesidades, veremos que ninguna criatura oye ni inclina su oreja a Dios con tata diligencia con cuanta el Criador la inclina a sus criaturas. Y no sólo nos oye, más aún nos mira, para en todo cumplir lo que nos manda a nosotros cuando dice: *Oye y ve. Los ojos del Señor*, según dijo David, *están sobre los justos, para librarlos de muerte*; y después dice: *Mas el gesto del Señor está sobre los que hacen mal, para echar a perder de sobre la tierra la memoria de ellos*, de donde parece que pone el Señor sus ojos contra los malos, para que no se le vayan sin castigo de sus pecados, y pone sus ojos sobre los justos, como el pastor sobre su oveja, para que no se le pierda. Dos cosas tenemos en nos: una que hecimos nos, otra, que hizo Dios. La primera es el pecado; la segunda, nuestro cuerpo y ánima, y cuanto bien en ellos tenemos.

1. Dios mira con amor a los hombres, su hechura, y con ira a nuestra hechura, que es el pecado

Si nosotros no añadiésemos mal sobre la buena hechura de Dios, no teníamos cosa a la cual el Señor mirase con ojos airados, mas mirarnos hía con ojos de amor, pues naturalmente quienquiera ama su obra, mas ya que nosotros habemos afeado y destruido lo que el hermoso Dios bien edificó, mas nuestra maldad no impide su sobrepujante bondad, la cual por salvar lo bueno que crió, quiere destruir lo malo que nosotros hecimos. Porque si vemos que este sol corporal se comienza tan liberalmente, y anda buscando y convidando a quien lo quiere recebir, y a todos se da cuando no le ponen impedimento, y, si se le ponen, aún está porfiando que se le quiten, o si algún agujero o resquicio halla, por pequeño que sea, por allí se da, y hinche la casa de luz, ¿qué diremos de la suma bondad divinal que con tanta ansia de amor anda rodeando sus criaturas para darse a ellas, e henchirlas de calor, de vida y de resplandores divinos? ¡Qué ocasiones busca para hacer bien a los hombres! ¡Y a cuántos por un pequeño servicio ha hecho no pequeños mercedes! ¡Cuántos ruegos a los que de Él se apartan, para que a Él se tornen! ¡Cuántos abrazos a los que a Él vienen! ¡Qué buscar de perdidos! ¡Qué encaminar de errados! ¡Qué perdonar de pecados, sin darlos en rostro! ¡Qué gozo de la salud de los hombres! Dando a entender que más deseaba Él perdonar y que el errado sea salvo y perdonado. Y por eso dice a los pecadores: *¿Por qué queréis morir? Sabed que yo no quiero la muerte del pecador, mas que se convierta y viva; tornaos a mí y viviréis*. Nuestra muerte es apartarnos de Dios, y por eso nuestro tornar a Él es vivir. A lo cual Dios nos convida, no poniendo sus ojos de ira sobre su hechura, que somos nosotros, mas principalmente contra los pecados que hacemos. Estos quiere Dios destruir, si nosotros no le impidiésemos, e impedímosle cuando amamos nuestros pecados, dando vida con nuestro amor, a los que, siendo amados, nos matan. Y es tanta la gana que esta bondad tiene de destruir nuestra maldad, para que su hechura no quede destruida, que, cuando quiera y cuantas veces quisiere, y de cuantas maldades hubiere hecho, quiera pedir al Señor que las destruya, está el Señor aparejado para destruirlas, perdonando lo que merecemos, sanando lo que enfermamos, enderezando lo que torcemos, haciéndonos aborrecer lo que amábamos antes, olvidando nuestros pecados como si no fueran hechos, y apartándolos tanto de nos que dice David: *Cuanta distancia hay de donde sale el sol a donde se pone, tanto lanzó Dios nuestros pecados*.

Así que el derecho y el primer *mirar* de los ojos airados de Dios no es contra el hombre que Él crió, mas contra el pecado que nosotros hecimos. Y si algunas veces mira al hombre para lo echar a perder, es porque el hombre no le dejó ejecutar su ira contra los pecados, que Dios quería destruir; mas quiso perseverar y dar vida a los que a Él mataban, y a Dios desagradaban. Y, por tanto, justo es que su muerte quede viva, y su vida siempre muera pues que no quiso abrir la puerta al que, por amor y con amor, quería y podía matar a su muerte y darle vida.

2. *El remedio para que Dios no mire a nuestros pecados es mirarlos nosotros*

Mas dirá alguno: ¿Qué remedio para que Dios no mire a mis pecados para me castigar; mas a su hechura para la salvar? La respuesta es muy breve y muy verdadera: Míralos tú, y no los mirará Él. Suplicaba David al Señor por sus pecados, diciendo: *Habe misericordia, Señor, de mí, según la gran misericordia tuya*. Y también le decía: *Aparta, Señor, tu faz de los mis pecados*.

Mas veamos qué alega para alcanzar tan gran merced. Por cierto, no servicios que hobiese hecho; porque bien sabía que, si un siervo por muchos años con gran diligencia sirviese a su señor, y después le hace alguna traición digna de muerte, no se miraría a que ha servido, porque su siervo era obligado a servir y por eso no echó en deuda el Señor; mas mírase a la traición que hizo, la cual era obligado a no hacer. Y por eso con pagar lo que antes debía, no pudo pagar lo que hace agora. Ni tampoco ofreció David sacrificios, porque bien sabía que *Dios no se delita con animales encendidos*. Mas éste ni en servicios pasados ni en merecimientos presentes halla remedio; hallólo *en el corazón contrito, y humillado*, y pide ser perdonado diciendo: *Porque yo conozco mi maldad, y el mi pecado delante mis ojos está siempre*. Admirable poder dio Dios a este *mirar* nuestros pecados, porque, tras nuestro mirar para aborrecerlos, se sigue el *mirar* de Dios para deshacerlos. Y convertiendo nosotros los ojos a lo que malamente hecimos, para afligirnos, convierte Él los suyos a salvar y consolar lo que Él hizo. De manera que si el pecador conoce sus pecados, Dios le perdona; si los olvida Dios le castiga.

Mas dirá alguno: ¿De dónde es tanta fuerza a nuestro mirar, que así trae luego tras si el mirar de Dios, lleno de perdón? No por cierto de sí, porque por conocer el ladrón que ha hecho mal en hurtar, no por eso merece que se le perdone la horca, mas viene de otra vista muy amigable y tan valerosa que es causa de todo nuestro bien. Esta es de la que dice David: *Defendedor nuestro mira, Dios, y mira en la haz de tu Cristo*. En la primera vez que dice mira, suplica a Dios que nos *mire* aceptando nuestros ruegos, y haciéndonos bien. Porque eso significa volver Dios a uno la cara. Por lo cual mandaba Dios que bendijesen los sacerdotes al pueblo diciendo: El Señor vuelva su cara a nosotros. Y la segunda vez que dice: Mira, claro es a donde suplica que mire, que es a la faz de Jesucristo; porque así como el mirar Dios a nosotros nos trae todos los bienes, así el mirar Dios a su Cristo trae a nos la vista de Dios.

3. *La mirada de Dios, llena de perdón, llega a nosotros a través de Cristo, nuestro Sacerdote*

No penséis, doncella, que los agraciados y amorosos rayos de los ojos de Dios descienden derechamente de Él a nosotros, porque si así lo pensáis, ciega estás; mas sabed que se enderezan a Cristo, y de allí en nosotros por Él. Y no dará el Señor una habla ni vista de amor a persona alguna del mundo universo, por santa que sea, si la ve apartada de Cristo; mas por Cristo, y en Cristo, mira a todos los que se quisieren mirar, por feos que sean. El ser amado Cristo es razón de ser amados nosotros, como dice San Pablo, hablando del Padre: *Hízonos agradables en el amado*, conviene a saber en Cristo. E, si Cristo de en medio se saliese, ningún amado habría de Dios. Y esto es lo que fue figurado en el principio del mundo, cuando el justo Abel, pastor de ganados, ofreció sacrificio a Dios de su manada. El cual sacrificio fue acepto como la Escritura dice: *que miró el Señor a Abel, y a sus dones*; y éste *mirarlo* fue ser agradable, y señal de este agradamiento invisible envió fuego visible que quemó el sacrificio.

Este justo pastor aquel es el cual dice de sí: *Yo soy buen pastor*. El cual también sacerdote. Y, por consiguiente, como dice San Pablo, *ha de ofrecer dones y sacrificios a Dios*. Mas, ¿qué ofreciera, que digno fuera? No, por cierto, animales brutos; no hombres pecadores; porque estos más provocaran la ira de Dios que alcanzaran misericordia. Y no sin causa mandaba Dios hacer tanto examen en la Vieja Ley sobre el animal que se había de sacrificar; que fuese macho, y no hembra, que fuese de tanta edad, ni muy chico ni muy grande, que no fuese cojo, ni ciego, con otras mil condiciones, para dar a entender que lo que se había de ofrecer para quitar los pecados, no había de tener pecado. Y, porque ninguno sin él estaba, no tenía este gran sacerdote qué ofrecer por los pecados del mundo, sino a sí mismo, haciéndose hostia el que es sacerdote, y ofreciéndose a sí mismo, limpio, por limpiar los sucios; el justo, por justificar los pecadores; el amado y agradado, porque fuesen amados y recebidos a gracia los que por sí eran desamados y desagradados. Y valió tanto este sacrificio, así por él como por quien le ofrecía, que todo era uno, que los que estábamos apartados de Dios, *como ovejas perdidas*, fuimos traídos, lavados, santificados y hechos dignos de ser ofrecidos a Dios. No porque nosotros tuviésemos algo digno, mas encorporados en este pastor, siendo ataviados con sus riquezas y rociados con su sangre, somos mirados de Dios por su Cristo. Lo cual dice San Pedro así: *Cristo una vez murió por nosotros, el justo por los injustos, para que nos ofreciese a Dios mortificados en la carne, y vivos en el espíritu.*

Veis, pues, como nuestro Abel ofrece a Dios ofrenda de su manada, que son obedientes cristianos, a los cuales mira Dios con amor, porque mira primero a nuestro Abel, agradándose en él y por él sus dones, que somos nosotros. Y así como acullá *vino fuego visible*, así también lo vino acá, en figura de lenguas, el día de Pentecostés. Y esto, después que Cristo subió a los *cielos, para aparecer a la cara de Dios por nosotros*, como dice San Pablo. Del cual miramiento de los ojos de Dios *a la haz de Jesucristo* salió este fuego del Espíritu Santo, que abrasó los dones que este gran pastor y pontífice ofreció al Padre, que son sus discípulos, y todos los creyentes en Él, que son ovejas de su rebaño. Veis aquí, pues, doncella, qué habéis de mirar cada vez que Dios mirare, y será conocer que no sois mirada en vos, ni por vos; porque no tenemos qué sino males, mas sois mirada por Cristo, cuya cara *es llena de gracia*, como dijo Ester. Y tenemos tan cierta esta vista de Dios a nosotros por Cristo, si nosotros queremos mirarnos, que así como prometió Dios a Noé que, cuando mucho lloviese, él miraría su arco, que puso en las nubes *en señal de amistad* de Él con los hombres para no destruir la tierra por agua, así, y mucho más, mirando Dios a su Hijo puesto en la cruz, extendidos sus brazos a modo de arco, se acuerda de su misericordia, y quita de su riguroso y castigador arco las flechas que ya quería arrojar. Y en lugar de castigo da abrazos, vencido más por este valeroso arco, que es Cristo, a hacer misericordia que movido por nuestros pecados a nos castigar; y puesto que nosotros anduvimos errados y vueltas las espaldas a la luz, que es Dios, no queriendo mirarle, mas vivir en tinieblas, somos por este pastor traídos en sus hombros, y por traernos él míranos el Señor, haciendo que lo miremos a él.

4. Ni un momento quita Dios sus ojos de nosotros

Y tiene tan especial cuidado de nos que ni un momento quita sus ojos de nos, porque no nos perdamos. ¿De dónde pensáis que vino aquella amorosa palabra que Dios dice al pecador que se arrepiente de sus pecados: *Yo te daré entendimiento, y te enseñaré en el camino que has de andar, y poner sobre ti mis ojos*, sino de aquella amorosa vista con que Dios miró a su Cristo? El cual es la sabiduría que nos enseña y el verdadero camino por donde vamos sin tropiezo; y el verdadero pastor, por el cual, en cuanto hombre somos mirados, y el cual, en cuanto Dios, nos mira, quitándonos los peligros de delante, en los cuales ve que hemos de caer; teniéndonos firmes en los que nos vienen; librándonos en los que por nuestra culpa hemos caído; cuidando lo que nos cumple, aunque nosotros hacemos descuidos; acordándose de nuestro provecho, aunque nosotros nos olvidamos de su servicio; velándonos cuando dormimos; teniéndonos consigo cuando nos querríamos apartar; llamándonos cuando huimos; consolándonos cuando venimos; y teniendo en todo y por todo un tan vigilante y amoroso mirar con nosotros, que todo, y en todo tiempo, nos lo ordena a nuestro provecho.

¿Qué diremos a tantas mercedes, sino hacer gracias a aquel verdadero pastor que, porque sus ovejas no muriesen de hambre, ni anduviesen lejos de los ojos de Dios, ofreció su cara a tantas deshonras, para que, mirándola el Padre tan afligida, sin culpa, mirase a los culpados con ojos de misericordia, y para que traigamos nosotros en el corazón y en la boca: *Mira, Señor, en la faz de tu Cristo*, probando por experiencia que muy mejor *nos oye* el Señor *y nos ve, y nos inclina oreja, que nosotros a Él*?

IV. ET OBLIVISCERE POPULUM TUUM

CUARTA PALABRA. CÓMO HEMOS DE OLVIDAR NUESTRO PUEBLO

Para declaración de lo cual es de notar, que todos los son repartidos en dos bandos, o ciudades diversas; una de malos, y otra de buenos. Las cuales ciudades no son distintas por diversidad de lugares, pues los ciudadanos de una y otra viven juntos y aún dentro de una casa, mas por diversidad de afecciones. Porque, según dice San Augustín, dos amores hicieron a dos ciudades. El amor de sí mismo, hasta despreciar a Dios, hizo la ciudad *terrenal*; el amor de Dios, hasta despreciar a sí mismo, hizo la ciudad *celestial*. La primera ensálzase en sí misma, la segunda, no en sí, mas en Dios. La primera quiere ser honrada de los hombres; la segunda, tiene por honra tener la conciencia limpia delante los ojos de Dios. La primera ensalza su cabeza en su honra; la segunda dice a Dios: *Tú eres mi gloria, y el que alzas mi cabeza*. La primera es deseosa de mandar y señorear; en la segunda sírvense unos a otros por caridad: los mayores aprovechando a los menores, y los menores obedeciendo a sus mayores. La primera atribuye la fortaleza a sus poderosos y gloríase en ellos; la segunda dice a Dios: *Ámete yo, Señor, fortaleza mía*. En la primera los sabios de ella buscan los bienes criados; o *si conocieron al Criador no lo honraron como a criador, mas tornáronse vanos en sus pensamientos y diciendo: somos sabios, tornáronse necios*; mas en la segunda ninguna otra sabiduría hay sino el verdadero servicio de Dios, y espera por galardón honrar al mismo Dios en compañía de los santos hombres y ángeles, *para que sea Dios todas las cosas en todos*. De la primera ciudad son vecinos todos los pecadores; de la segunda todos los justos. Y porque todos los que de Adán descienden, sacando el Hijo de Dios y su bendita Madre son pecadores, aun en siendo engendrados, por tanto todos somos naturalmente ciudadanos de aquesta ciudad, de la cual Cristo nos saca por gracia para hacernos de la suya.

1. Los diversos nombres que se dan al mundo, nuestro pueblo, indican su maldad

Esta mala ciudad que es de congregación, no de plazas ni calles, mas de hombres que se aman a sí y presumen de sí, se llama por diversos nombres, que declaran la maldad de ella. Llámase *Egipto*, que quiere decir *tiniebla o angustia*; porque los que en esta ciudad viven carecen de luz, pues no conocen a Dios. Y no lo conocen, porque no le aman; porque según dice San Joan: *el que no ama a Dios, no conoce a Dios; porque Dios es amor*. Y viviendo en tinieblas, no tienen gozo, porque, según decía Tobías: ¿Qué gozo puedo yo tener, pues no veo la lumbre del cielo?

Llámase también *Babilonia* que quiere decir *confusión* el cual nombre fue puesto cuando los soberbios quisieron edificar una torre que llegase hasta el cielo, para defenderse de la ira de Dios, si quisiese otra vez destruir el mundo por agua, y para hacer un tal edificio, por el cual fuesen nombrados en el mundo. Mas impidió su locura el Señor de esta manera, que les confundió el lenguaje, que antes era uno, en muchos lenguajes, para que así no se entendiesen unos a otros. De lo cual nacían rencillas, pensando cada uno que hacía el otro burla de él, diciendo uno y respondiendo otro. Y así el fin de la soberbia fue confusión y rencilla, y división. Muy propiamente compete este nombre a la ciudad de los malos, pues quieren pecar y no ser castigados. Y no quieren huir los castigos de Dios, evitando el ofenderle, mas, si pudiesen por fuerza o por maña pecar, y no ser castigados, lo intentarían. Son soberbios, y todo su fin es que se nombre su nombre en la tierra. Hacen torres de obras vanas, si pueden, y si no, a lo menos en los pensamientos. Los cuales destruídos al mejor favor que ellos están, según está escripto: *A los soberbios resiste y a los humildes da gracia,* y porque no quisieron vivir en unidad de lenguaje, *dando la obediencia a Dios* son castigados en que ni ellos se entiendan a sí mismos, ni entiendan a Dios, ni se entiendan unos a otros, ni entiendan cosa criada; pues, faltándoles la sabiduría de Dios, ninguna cosa entienden como se debe de entender para su provecho. ¡Cuántas cosas pasan en el corazón de los malos que los sacan de tiento, y no saben cómo remediarse! Ya pide uno con deseo una cosa y otra, y a las veces contraria; ya hacen, ya deshacen; lloran y alégranse; ya quieren desesperar, ya se ensalzan vanamente; buscan con mucha diligencia una cosa, y, despúes de habella alcanzado, pésales por haberla alcanzado; desean una cosa y hacen otra, siendo regidos, no por razón, mas por pasión. Y de aquí es que como el hombre sea *animal racional,* cuya principal parte es la ánima, que ha de vivir según razón, y éstos viven según apetito, no se conocen ni entienden, pues viven vida bestial, que es vida de cuerpos, y no racional, que es propria vida de hombres. De lo cual nace que, como Dios sea espíritu y haya de ser amado y conocido no de nuestro cuerpo, mas de nuestro espíritu, estos tales no le conocen, porque su vida es al contrario de Él. Y como la unión de los prójimos nace de la unión de sí mismos, y de la unión de sí con Dios, estos ciudadanos, divididos en sí y divididos de Dios, no pueden tener buena y duradera paz unos con otros; mas antes de sus hablas y obras y juntas nacen rencillas, viviendo cada uno a su proprio querer, sin curar de agradar al otro, y sintiendo cada uno a su injuria, sin curar de sufrirse unos a otros. Estos son los que no entienden a qué fin fueron criados, ni cómo han de usar de las criaturas, ni temen infierno, ni desean el cielo; mas todas las cosas las quieren para sí, haciéndose fin de todas ellas. Con mucha razón, pues, son llamados *Babilonia* los que todos andan en ceguedad, sin usar de sí ni de otra cosa conforme al querer del Criador.

Llámanse también *caldeos,* llámanse *Sodoma,* llámanse *Edón,* con otros mil nombres que representan la maldad de este pueblo, y todos aun no pueden declarar la malicia de él. Este es el pueblo del cual manda Dios salir a Lot, porque no le comprehenda el castigo que de Dios viene sobre él, y le es mandado que se salve en el monte, que es la alteza de la fe y buena vida. Este es el pueblo del cual manda Dios que salga a Israel, para caminar a la tierra de promisión, que es figura del cielo. Este es el pueblo del cual mandó Dios primero a Abraham que se saliese, cuando le dijo: *Sal de tu tierra, y de tu tierra, y de tu parentela, y de la casa de tu padre, y ven a la tierra que te mostraré.* Este es el pueblo del cual dice Dios por San Pablo a los que quieren ser suyos: *No queráis tener compañía con los infieles. Porque ¿qué compañía puede tener la maldad con la bondad, o la luz con las tinieblas? ¿Qué junta puede haber en ti, Cristo, y Belial o entre el fiel y el infiel? ¿Qué convención hay entre el pueblo de Dios con los ídolos? Porque vosotros sois templos de Dios vivo, como dice el Señor: Yo moraré en ellos, y andaré entre ellos, y seré Dios de ellos, y ellos me serán pueblo. Por lo cual salid del medio de ellos y apartaos, dice el Señor, de ellos.* Todo esto dice San Pablo.

De las cuales cosas veréis claro con cuánta razón se os dice de parte de Dios: *Olvida tu pueblo, y la casa de tu padre*; porque no os recibirá el Señor por suya, si no os extrañáis a este pueblo.

No es cosa segura estar debajo de una casa, la cual sin duda se ha de caer y tomar a cuantos debajo estuvieren, y no agradeceremos poco a quien de tal peligro nos avisase. Pues sabed muy de cierto que vendrá día en que se cumpla aquella visión que vio San Joan cuando dijo: *Vi otro ángel que descendió del cielo, que tenía gran poder, y que tenía la tierra alumbrada con su gloria. Y él clamó con su fortaleza y dijo: Caído ha, caído ha Babilonia la grande, y hecha es morada de demonios, y casa de todo espíritu sucio, y de toda ave sucia y horrible.* Y abajo dice: *Tomó un ángel una piedra grande, como de molino, y echóla en la mar, diciendo: Con este ímpetu será echada la gran Babilonia en la mar, y no será más hallada.* Y, porque no se descuiden los que desean salvarse, pensando que, teniendo compañía con los malos, no les comprehenderán sus azotes, dice el mismo San Joan que oyó otra voz del cielo que decía: *Salid de ella, pueblo mío, y no seáis participantes en sus delitos, y no recibáis de sus plagas, porque llegado han sus pecados al cielo, y acordado se ha el Señor de las maldades de ella.*

2. ¿Qué quiere decir «salir del mundo»?

Sobre lo cual dice San Augustín que este *salir del medio de Babilonia no* quiere decir ir con el cuerpo de entre los malos, mas con el ánima, porque en una misma ciudad y en una misma casa está Jerusalén y Babilonia, juntas cuanto al cuerpo, mas, si miramos a los corazones, muy apartados están. Y en uno es conocida Jerusalén, ciudad de Dios, y en otro Babilonia, ciudad de los malos.*Olvidad, pues, vuestro pueblo*, y salid al pueblo de Cristo, sabiendo que no podéis comenzar vida nueva, si no salís de la vida vieja. Acordaos de lo que dijo San Pablo, que *para santificarle a su pueblo por su sangre, padeció muerte fuera de la puerta de Jerusalén, y pues así es, salgamos a él fuera de los reales, imitándole en su deshonra*. Esto dice San Pablo, amonestándonos que por eso *Cristo padeció fuera de la ciudad*, para darnos a entender que, si le queremos seguir, hemos de salir de esta ciudad, que hemos dicho, que es congregación de los que se aman a sí. Bien pudiera Cristo curar el ciego en Betsaida, y más quiso sacarle de ella y así darle la vista, para darnos a entender que fuera de la vida común, que siguen los muchos, hemos de ser curados de Cristo, siguiendo el camino estrecho, por el cual dice la misma verdad que andan pocos. No os engañe nadie; que no quiere Cristo a los que quieren cumplir con Él y con el mundo. Y por su bendita boca prometió que ninguno *pudiese servir a dos señores*.

Por tanto, si queréis que Él se acuerde de vos, *olvidad vuestro pueblo*. Si queréis que os ame, no os améis vos. Si queréis que Él cuide de vos, no estéis estribada en vuestro cuidado. Si queréis que os mire con amor, no os miréis complaciendo a vos. Si queréis estar arrimada a Él, desarrimaos de vos. Y si queréis agradarle, no temáis desagradar al universo mundo por Él. Y si deseáis hallarle, no dudéis perder padre y madre, y hermanos y casa, y aun vuestra propia vida, por Él. No porque conviene aborrecer estas cosas, mas porque conviene mirar tan de verdad, y con todo vuestro corazón, a Cristo, que no torzáis en un solo cabello de agradar a Él por agradar a criatura alguna, por amada que sea, ni aun por vos misma. San Pablo predica que *los que tienen mujeres las tengan como si no las tuviesen, y los que compran como si no poseyesen, y los que venden como si no vendiesen, y los que lloran como si no llorasen, y los que se gozan como si no gozasen* y la causa es lo que añade, diciendo. *Porque se pasa presto la figura de este mundo*. Pues así os digo, doncella, que lo uno, porque presto se pasa, y lo otro, porque ya no sois vuestra, así tened padres y hermanos, parientes y casa y pueblo, como si no los tuviésedes, no para no reverenciarlos y amarlos, pues la gracia no destruye la orden de naturaleza, y aún en el mismo cielo ha de haber reverencia de hijo a padre; mas para que no os ocupen el corazón y estorben el servicio de Dios. Amaldos en Cristo, no en ellos, que no os los dio Cristo para que os sean estorbo a lo que tanto debéis siempre hacer, mas para que os sean ayuda. San Hierónimo cuenta de una doncella, que estaba tan mortificada a la afeción del parentesco, que a su propria hermana, aunque era doncella, no curaba de verla, contentándose con amarla por Dios.

Creedme que así como en un pergamino no pueden escribir, si no está muy raído, quitado de la carne, así no está el ánima aparejada para que el Señor escriba sus gracias en ella, hasta que estén en ella estas afecciones, que nacen de carne, muy muertas. Leemos en los tiempos pasados que pusieron el arca de Dios en un carro, para que la llevasen dos vacas paridas, cuyos becerros quedaban en cierta parte encerrados, y aunque las vacas *daban gemidos* por sus hijos, mas nunca dejaron su camino real, ni tornaron atrás, *ni se apartaron*, dice la Escriptura, *a la mano derecha ni a la izquierda*, mas por el querer de Dios que así le hacía, llevaban su arca hasta la tierra de Jerusalén, que era el lugar donde Dios moraba. Los que se han puesto encima de sus hombros la cruz de Jesucristo nuestro Señor, que es arca donde Él está y se halla muy de verdad, no deben dejar ni tardar su camino por estas afecciones naturales de amor de padres e hijos, y casa, y semejables cosas. Ni deben gozarse livianamente con las prosperidades de ellos, ni penarse por sus adversidades. Porque lo primero es apartarse del camino de la mano derecha, y el segundo, a la izquierda; mas proseguir en fervor su camino, encomendando al Señor que guíe a su gloria lo uno y lo otro. Y estar tan muertos a estas cosas, como si no les tocasen, o a lo menos, si esto no pueden, no dejarse vencer de la tristeza o del gozo por lo que a ellos toca, aunque algo lo sientan; lo cual fue figurado en las vacas que, aunque *daban bramidos* por sus hijos, no por eso dejaban de llevar el arca de Dios. E si los padres ven que sus hijos quieren de alguna manera servir a Dios que a ellos no es apacible, deben de mirar lo que Dios quiere. Y, aunque giman con amor de los hijos, deben vencerse con el amor de Dios, ofreciendo sus hijos a Dios, y serán semejables a Abraham, que quería matar a su unigénito hijo por la obediencia de Dios, no curando de lo que su sensualidad deseaba. Y el dolor natural que en estos trances se pasa, débese sufrir con paciencia, el cual aún no irá sin galardón, pues que el Señor ordenó el dicho amor, y por amor de él se vencen como quien padece martirio. *Olvidad*, pues, *vuestro pueblo*, doncella, y sed como otro Melquisedec, del cual *no se cuenta padre ni madre ni linaje alguno*. En lo cual, como San Bernardo dice, se da ejemplo a los siervos de Dios, que han de tener tan olvidado su pueblo y parientes, que sean de su corazón como este Melquisedec solos y extranjeros en este mundo, sin tener cosa que les retarde su apresurado caminar, que caminan a Dios.

3. La vanidad de la nobleza del linaje

No querría que os cegase a vos la vanidad que a muchos ciega, presumiendo de su linaje carnal. Y, por tanto, quiéros decir lo que a una doncella San Hirónimo dice: «No quiero que mires aquellas que son doncellas del mundo y no de Cristo, las cuales, no acordándose de su propósito comenzado, se gozan en sus deleites, y se deleitan en sus vanidades y glorias en el cuerpo, en la origen de su linaje, las cuales, si se tuviesen por hijas de Dios, nunca después del nacimiento divino, ternían en algo la nobleza del cuerpo; y si sintiesen a Dios ser padre, no amarían la nobleza de la carne. ¿Para qué te glorías con nobleza de tu linaje? Un hombre y una mujer hizo Dios en el principio del mundo, de los cuales descendió la muchedumbre del género humano. La nobleza del linaje no la da la igualdad de naturaleza, mas la ambición de la codicia; y ninguna diferencia puede haber entre aquellos a los cuales el segundo nacimiento engendró, por el cual así el rico como el pobre, el libre y el esclavo, es de linaje, y sin él no son hechos hijos de Dios. Y el linaje de carne terrena es oscurecido con el resplandor de la celestial honra. Y en ninguna manera ya parece, pues que los que eran antes desiguales por honras del mundo son igualmente vestidos con nobleza de honra celestial y divina. Ningún lugar hay ya allí de linaje bajo, y ninguno de aquéllos es sin linaje, a los cuales el alteza del nacimiento divino los hermosea. Y, si lo hay, en el pensamiento de aquellos que no tienen en más las cosas celestiales que las humanas. O, si las tienen, cuán vanamente lo hacen en tenerse en más que aquellos por cosas menores, los cuales conocen serles iguales en las cosas mayores, y estiman a los otros como a hombres puestos en tierra debajo de sí, los cuales creen que son sus iguales en las cosas del cielo. Mas, tú, quienquiera que eres, doncella de Cristo y no del siglo, huye toda gloria de la vida presente, para que alcances todo lo que se promete en el siglo, que está por venir». Todo esto dice San Hierónimo. De lo cual podréis ver cuánto os conviene olvidar vuestro pueblo y casa de padre, sabiendo que lo que de los padres de carne traéis es ser concebida en pecado y llena de muchas miserias, y nacida en ira de Dios por el primer pecado de Adán, que, mediante nuestra concepción, heredamos. Un cuerpecillo nos dieron nuestros padres, y tan vergonzosamente engendrado que es asco pensarlo, y decirlo, y es tal este cuerpo que mancha el ánima, que Dios cría limpia y la infunde en él. Como cuando un limpio da una manzana limpia en las manos de un leproso, que con sólo tomarla la ensucia. Un cuerpo nos dieron, lleno de mil necesidades y flaquezas, y proprio para hacer penitencia en sufrirlo. Un cuerpo, que, si un solo cuerezuelo le quitasen de encima, los muy hermosos serían abominables. Un cuerpo, que, mirándolo por defuera blanco, y considerando las cosas que dentro en sí encierra, no diréis sino que es un vil muladar, cubierto de nieve. Un cuerpo, que pluguiera a Dios que no hubiera más en él que ser trabajoso y vergonzoso; mas esto es lo menos, porque es el mayor enemigo que tenemos, y el mayor traidor que nunca se vio, que anda buscando la muerte, y muerte eterna, a quien le da de comer, y todo lo que ha menester. Un cuerpo, que para haber él un poco de placer, no tiene en nada dar enojos a Dios y echar el ánima en el infierno. Un cuerpo, perezoso como asno y malicioso más que mula; y si no, probá a dejarlo sin freno, que ande él como quisiere, y descuidaos un poco de guardaros de él, entonces veréis lo que tiene.

¡Oh vanidad para burlar de los que de linaje presumen!, pues que todas las ánimas Dios las cría, que no se heredan, y la carne que se hereda, es cosa para haber vergüenza y temor. Digan los tales lo que Dios dijo a Esaías: Da voces. *¿Y qué diré a voces?*, dijo Esaías. Respondió el Señor. *Que toda carne es feno, y toda su gloria como la florecilla del campo.* Voces manda dar Dios, y aún no las oyen los sordos, los cuales más se quieren gloriar de la suciedad, que de la carne trajeron, que en la alteza que por el Espíritu Santo les es concedida. No seáis ciega, esposa de Cristo, ni desagradecida. La estima en que Dios os tiene no es por vuestro linaje, mas por ser cristiana; no por nacer en sala entoldada, mas por tornar a nacer en el santo baptismo. El primer nacimiento es deshonra, el segundo es honra. El primero, de desnobleza; el segundo, de nobleza. El primero, de pecado; el segundo de justificación de pecados. El primero, de carne que mata; el segundo, de espíritu que aviva. Por el primero somos hijos de hombres; por el segundo, hijos de Dios. Por el primero, aunque somos herederos de nuestros padres, cuanto a su hacienda somos herederos cuanto a ser pecadores y llenos de muchos trabajos; mas por el segundo somos hechos hermanos de Cristo, y juntamente herederos del cielo con él: de presente recebimos el Espíritu Santo y esperamos ver a Dios cara a cara.

Pues, ¿qué os parece que dirá Dios al que se precia más ser nacido de hombres, para ser pecador y miserable, que por ser nacido de Dios, para ser justo y después bienaventurado? Éstos son semejables a uno que fuese engendrado de un rey en una muy fea esclava, y se preciase él de ser hijo de ella, y la trajese mucho en la boca, y no mirase ni se acordase ser hijo del rey.

Olvidad, pues, *vuestro pueblo*, para que seáis del pueblo de Dios. El pueblo malo, ése es el vuestro, y por eso dice: *Olvida tu pueblo*, porque de vos no sois sino pecadora y muy vil, mas, si os sacudís de eso que es vuestro, recebiros ha el Señor en lo que es suyo, en su nobleza, en su justificación, en su amor. Mas, mientras tuviéredes, no recebiréis. Desnuda os quiere Cristo, porque Él os quiere dotar, que tiene con qué. Porque de vos, ¿qué tenéis sino deudas? *Olvidad vuestro pueblo*, que es ser pecadora, extrañándoos a los pecados pasados, y no viviendo según mundo. *Olvidad vuestro pueblo*, olvidando vuestro linaje. *Olvidad vuestro pueblo*, haciendo cuenta que estáis en un desierto sola con Dios. *Olvidad*, pues, *vuestro pueblo*, pues tantas razones y tan suficientes veis para lo hacer.

V. ET DOMUM PATRIS TUI

QUINTA PALABRA. CÓMO HEMOS DE OLVIDAR LA CASA DE NUESTRO PADRE PARA HALLAR LA DE DIOS

1. El padre de nuestra casa es el demonio

Síguese otra palabra que dice: *Olvida la casa de tu padre*. Este padre el demonio es; porque, según dice San Joan, *el que hace pecado, del diablo precede, porque el diablo pecó desde el principio*. No porque él crió o engendró a los malos, mas porque imitan sus obras. Y de aquél se dice ser uno hijo, según el santo Evangelio, cuyas obras imita.

Este padre malaventurado vive en el mundo, y quiere decir en los malos, según se escribe de él en Job: *En la sombra duerme, y en lo secreto de la caña, y en los lugares húmidos*. *Sombra* son las riquezas, porque no dando el descanso que prometen, mas punzando el corazón con sus congojas, como con espinas, experimenta el que las tiene que no son riquezas, mas sombra de ellas, y verdadera necesidad, y que ninguna cosa son menos de lo que suena su nombre. *Caña* es la gloria de este mundo, que cuando de fuera mayor parece, tanto de dentro está más vacía, y aún lo que de fuera parece es tan mudable que con razón se llama caña, que a todo viento se mueve. *Lugares húmidos* son las almas relajadas con los carnales deleites, que corren tras ellos, sin detenencia, contrarias a aquellas de las cuales dice el santo Evangelio que *se salen del espíritu sucio del hombre donde estaban, y va a buscar donde entrar, y anda por los lugares secos, buscando holganza, y no la halla*, porque en las ánimas ajenas de estos carnales deseos no halla el demonio posada, mas en las codicias, honras y deleites es su aposento. Por lo cual dice *el príncipe de este mundo*, y regidor y señor de él, no porque él lo haya criado, mas porque los malos, que son de Dios por creación, quieren sujetarse al demonio, conformándose con su voluntad para que así sean también conformes con él en la infernal pena como les será crudamente dicho el día postrero, por boca de Cristo: *Id, malditos, al fuego eterno, que está aparejado al diablo y a sus ángeles.*

2. Nuestra casa es la propia voluntad

Y si bien consideramos cuál sea esta *casa del demonio*, hallamos que no es otra sino la propia y mala voluntad de los malos, en la cual se asienta el demonio como rey en silla, mandando desde allí a todo el hombre, pues tiene lo principal de él. *Olvidar*, pues, *la casa de vuestro padre* no es otra cosa sino olvidar y quitar la voluntad propia, en la cual algún tiempo aposentamos a este mal padre, y abrazar con entero corazón la divina diciendo: *no mi voluntad, Señor, sino la tuya sea hecha*. El cual amonestamiento es de los más provechosos que se nos pueden hacer; porque, quitada nuestra voluntad, quitaremos los pecados que nacen de ella, como ramos de raíz. Lo cual denota San Pablo, contando muchedumbre de pecados que en los días postreros había de haber. Primero dice *que serán los hombres amadores de sí mismos* dando a entender, como dice la glosa, que este amor de sí, es raíz y cabeza de todos los pecados, el cual quitado, queda el hombre en su sujeción de Dios, de la cual le viene su bien. Ítem, la causa de nuestros desabrimientos, tristezas, trabajos, no es otra sino nuestra voluntad, la cual querríamos que se cumpliese. Y, porque no se cumple, tomamos pena; mas este yerro quitado, ¿qué cosa puede venir que nos pene? Pues no nace la tristeza de venir el trabajo, mas de no querer que nos venga.

Y no sólo se quitan las penas de acá, mas del otro mundo, porque, como San Bernardo dice, cese la voluntad propia y no habrá infierno; mas así como es la cosa más provechosa de todas negar nuestra voluntad, así es la cosa más trabajosa que hay; y aun por mucho que trabajemos no saldremos con ello, si aquel Señor que mandó *quitar la piedra* de la sepultura de Lázaro muerto, no quita esta dureza que tiene muertos a los que debajo toma. Y, si no mata a este fuerte Goliat, que no hay quien le pueda vencer si no el que es invencible. Mas, aunque nosotros no podamos librar nuestro cuello de estas cadenas, no por eso debemos dejar de esforzarnos, según las fuerzas que el Señor nos diere, llamándole con corazón, y considerando los males que de seguirla nos vienen, y los bienes que de no seguirla. Ítem, los santos ejemplos de Cristo, el cual dice de sí: Descendí del cielo, no para hacer mi voluntad, mas la de aquel que me envió. Y esto no en cosas de poca importancia, como algunos hacen, mas en las cosas de afrenta y que llegan, como dicen, al ánima. Tal era el padecer Cristo pasión por nosotros, mas en ella se conformó con la voluntad de su Padre, echando de sí la voluntad de su carne, que era no padecer, para darnos ejemplo, que ninguna cosa nos debe ser tan amada, que, por él, no la abracemos.

Y si todas las cosas que consideramos no nos movieren a olvidar este pueblo y casa de nuestro padre, a lo menos muévanos lo que tanta razón es que nos mueva, conviene a saber, la palabra que tras ésta se sigue, como para dar esfuerzo a cumplir las pasadas, la cual dice así: *Y codiciará al rey tu hermosura.*

VI. ET CONCUPISCET REX DECOREM TUUM

QUE TAL HA DE SER NUESTRA ALMA, PARA QUE EL SEÑOR CODICIE SU HERMOSURA

Cosa es de maravillar que haya hermosura en la criatura que pueda atraer a los benditos ojos de Dios para ser de Él codiciada. Dichosa cosa es enamorarse el ánima de la hermosura de Dios; mas ni es de maravillar que la fea ame al todo hermoso, ni es de tener en mucho que la criatura mire a su Criador. Mas enamorarse y aplacer a Dios en su criatura, esto es de maravillar y agradecer, y da a ella inefable causa de gloriarse y gozarse. Si es grande honra ser cautiva una ánima del Señor, ¿qué será tener ella a Él cautivo de amor? Si es gran riqueza no tener corazón por dársele a Dios, ¿qué será tener por nuestro el corazón del Señor?, el cual da Él a quien da su amor. Y tras el corazón, da a todo si, porque de quien es nuestro corazón, de aquél somos. Sin duda grandes y muchos son los bienes que la infinita bondad da a los hombres, mas, como no haciendo caso de todos ellos, dice Job a Dios: Señor, *¿qué cosa es el hombre, porque le engrandeces y pones en él tu corazón?* Dando a entender que, pues por dar Dios el corazón, se da a Él, tanta diferencia va de dar otras dádivas a dar el corazón por amor, cuanto va de Dios a criaturas. Y, si por las otras dádivas le debemos gracias, la principal causa es porque nos las da con amor, y si en ellas nos debemos gozar, mucho más por hallar gracia en los altísimos ojos de Dios. Ésta es la verdadera honra nuestra, de la cual nos podemos gloriar, no de que amamos nosotros a Él, porque maldito es quien hace caso de sí, ensalzándose en las obras que hace, mas de que un tan alto rey, a quien adoran todos los ángeles, quiere por su sola bondad amar cosas tan bajas como somos nosotros.

Mirad, pues, doncella, si es razón *de oír y ver, e inclinar a Dios nuestra oreja*, pues el galardón de ello es que *codicie Dios nuestra hermosura*. Verdaderamente, aunque las palabras que manda fueron muy recias, se tornarán livianas con tales promesas, cuanto más siendo cosa tan poca lo que nos pide.

1. *Esta hermosura no es la del cuerpo*

Mas diréis: ¿De dónde viene al ánima tener hermosura, pues que es pecadora, y de los pecadores se escribe que *es denegrida su cara más que carbones*? Si este Señor buscase hermosura de cuerpo, no es de maravillar que la hallase, pues Él lo crió; y así, como Él es hermoso, crió todas las cosas hermosas, para que así fuesen algún pequeñuelo rastro de su hermosura inefable, comparada a la cual, toda hermosura es fealdad. Mas sabemos que dice David, hablando de la esposa de este gran rey, *que toda su hermosura consiste en lo de dentro*, que es el ánima. Y esto con mucha razón, porque la hermosura del cuerpo es muy poca cosa, y puede estar en quien tenga muy fea su ánima. ¿Pues qué aprovecha ser fea en lo más, y hermosa en lo que es casi nada? ¿Qué aprovecha la hermosura en lo que los hombres pueden mirar, y fealdad en lo que Dios mira? De fuera ángel, y de dentro diablo.

a) LA HERMOSURA CORPORAL ES PELIGROSA AL QUE LA TIENE

Y no sólo esta hermosura no aprovecha para ser el ánima amada de Dios, mas aún por la mayor parte es ocasión para ser desamada. Porque, así como la espiritual hermosura da seso y sabiduría, así la hermosura del cuerpo la suele quitar. No tienen pequeña guerra la castidad, la humildad, recogimiento, de una parte, contra la hermosura corporal, de otra. Y a muchos les fuera mejor extrema fealdad en la cara, para no tener con quién pelear, que gran hermosura y gran liviandad, con que fueron vencidas. No por pequeño mal dice Dios a tal ánima: *Perdiste la sabiduría entre tu hermosura.* Y en otra parte dice: *Heciste abominable tu hermosura.* Y dice esto, porque, cuando con la hermosura del cuerpo se juntan fealdades en las costumbres, es abominable la tal hermosura, y tornada en fealdad verdadera.

Bien veo yo que si las ánimas de los que miran las cosas hermosas, y de las que son hermosas, fuesen puros en buscar a Dios solo en las criaturas cuanto ellas fuesen más hermosas, tanto más claro espejo serían de la hermosura de Dios; mas, ¿adónde está agora quien no llore lo que San Augustín lloraba cuando decía: «Andaba hermosa, para tanto más guardarse limpia en el ánima, cuanta más hermosura ve en su cuerpo»? Naturalmente huimos más de ensuciarnos cuando estamos limpios, que cuando no. Y hacen al contrario de esto muchas personas que, siendo feas, no pecarían tanto, y de la misma limpieza toman ocasión a ensuciarse. Y de éstas dice la Escritura: *Como manilla de oro en el hocico del puerco, así es la mujer hermosa, que es loca.* Muy poca honra cataría el puerco al oro que en su hocico tuviese, y no dejaría, por mucho que resplandeciese, de ensuciarlo y meterlo en el hediondo cieno; así es la mujer loca, que emplea su hermosura, sin algún asco, en mil vanidades, hediondeces, ya de cuerpo ya de ánima.

b) PUEDE SER DAÑOSA A LOS DEMÁS

Pues si la hermosura no ayuda, antes desayuda a guardar la limpieza de la propria ánima, ¿qué pensáis que hace en las ánimas de quien lo mira? ¡Cuán buena cosa sería no tener ellos ojos para mirar, ni ellas pies para andar, ni manos para hermosear, ni gana para ser vista! ¿Qué dirán estas miserables hermosas al parecer, y feas, según la verdad, cuando les falte la hermosura del cuerpo, para lo cual tanto trabajaron, y se tornen tan hediondos sus cuerpos en las sepulturas cuan hediondas andaban sus ánimas debajo de los cuerpos hermosos, y sean así presentadas desnudas de bienes delante los ojos de aquel, al cual no curaron parecer bien, y sean avergonzadas de sus secretas maldades probando por experiencia, que vino el día en que, como Dios había prometido, *echó a perder el nombre de los ídolos de la tierra*? Ídolo es la mujer vana y hermosa, que quiere contrahacer a Dios verdadero, pintándose como Dios no la pintó, y queriendo que los corazones de los hombres se ocupen de ellas, y haciendo para ello todo lo que pueden y deseando lo que no pueden. Los nombres muy mentados de éstas destruirlos ha Dios, para que sepan que no aprovechó ser mentadas en las bocas de los hombres, si están raídas del libro de Dios.

De esta hermosura os amonesto, esposa de Cristo, que ni aun os acordéis de ella, porque, si las mujeres vanas se pasan como quiera donde no las ve hombre, y guardan su hermosura para cuando las mire alguna muchedumbre del pueblo, o algún alto príncipe, ¿por qué la esposa de Cristo no hará otro tanto, esperando aquel día, cuando ha de ser vista de todos los hombres y todos los ángeles, y del Señor de hombres y ángeles, cuando parecerá mejor la cara llorosa que la risueña, y la saya baja que la preciosa, y la virtud que la hermosura? Mas, no penséis que os basta tener vuestro corazón limpio de esta vanidad, mas conviénos mucho mirar y remirar, no seáis causa que a quien os miraré se le aparte el corazón de Dios ni un solo punto.

Las vanas doncellas del mundo desean bien parecer a los hombres, mas la de Cristo ninguna cosa debe tanto huir ni temer, porque no puede ser peor locura que desear el peligro ajeno y suyo. Acordaos de lo que San Hierónimo dice a una doncella: «Guárdate que no des alguna ocasión de deseo malo, porque tu esposo es celoso, y peor será adulterar contra Cristo que contra el marido». Y en otra parte dice: «Acuérdate que te he dicho que eres hecha sacrificio de Dios y el sacrificio da santificación a las otras cosas, y cualquiera que de él dignamente participare se hará participante en la santificación. Pues de esta manera, por tu causa, como por sacrificio divino, se santifiquen las otras, con las cuales así vivas que, cualquiera que tocare tu vida con el mirarte, o con el oírte, sienta en sí la fuerza de la santificación, y deseándote mirar, sea hecho digno de ser sacrificio». Todo esto dice Hierónimo. De lo cual veréis que esta honra tan grande que es ser esposa de Cristo, no anda sola, ni se ha de poseer con descuido, mas así como es el más alto título que decirse puede, así pide mayor cuidado que otro para tenerlo como conviene. No penséis que por no tener marido que sea hombre, ya por eso habéis de vivir ni con un solo punto de descuido; mas sabed que estáis obligada a miraros más y más cuanto vuestro esposo es mayor y más cosas las que os demanda. Con el marido de acá cumple la mujer con no tener tachas muy grandes, mas con el esposo celestial, no. Si no le amáis con todo vuestro corazón y fuerzas, y una palabra y un rato ocioso no pasará sin castigo, es tanto lo que a este Señor se le debe que el no amarlo y reverenciarlo muy mucho es tacha, y de ella se le debe pedir perdón. Y esto no os parezca pesado, porque aun acá, en el mundo, cuanto una mujer alcanza marido más alto está obligada a ser ella mejor. Pues, si podéis, considerad quién es aquel a quien por esposo tomastes, o por mejor decir, quién por esposa os tomó, y veréis que, aunque lo que mandase fuese pequeño, por mandarlo él no hay mandamiento pequeño ni pecado pequeño.

c) EJEMPLO DE LA VIRGEN ASELA

Y porque tal dignidad como ésta no la tengáis indignamente, y la honra no se os torne en deshonra, quiero poneros delante un dechado vivo en que os miréis, y del saquéis, que fue una doncella llamada Asela, de la cual dice San Hierónimo así: «Ninguna cosa había más alegre que su gravedad, ni más grave que su alegría. Ninguna cosa más suave que su tristeza, ni más triste que su suavidad. Y así tenía amarillez en la cara, que, aunque fuese señal de abstinencia, no demostrarse hipocresía. Su palabra callaba, y su callar hablaba; ni muy tardo ni presurado su andar; su hábito, de una misma manera; su limpieza era sin ser procurada; y su vestido, sin curiosidad; y su atavío, sin atavío. Y por la bondad de su vida mereció que en la ciudad de Roma, donde tantas pompas hay, en la cual ser humilde es tenido por miseria, los buenos digan bien de ella, y los malos no osen murmurar de ella. Esta es el dechado que debéis de mirar para lo de fuera, que, para lo de dentro, no hay sino Jesucristo, puesto en la cruz. Al cual tanto más os debéis conformar cuanto tenéis nombre de mayor unión con él, que es casamiento».

Mas mirá, no desmayéis por la mucha santidad que vuestro título pide, temiendo más tal estado que gozándoos con él. Cuando oyerdes que os amonestan cosas altas, no debéis derribaros, más esforzaros, porque así como las cargas y mantenimiento del matrimonio no cargan principalmente sobre los hombros de la mujer, mas cumple con guardar bien lo que el marido trae ganado, así no penséis que os tomó el Señor por esposa para dejar sobre vuestros hombros los trabajos de manteneros, pues que ni vos seréis para ello, ni quiere él que la honra de ser vos la que debéis, sea vuestra. Plega a él que sepáis vos darle vuestro corazón y responderle a sus inspiraciones que él os enviará; y que no ensuciéis con tibieza o con soberbia, o con negligencia, o con indiscretos fervores, el agua limpia que en vuestra ánima él lloverá; que en lo demás, y aun en esto, vuestra ánima ha de reposar en confianza no de vos, mas de vuestro esposo, que sabe vuestra necesidad y puede muy bien manteneros, si vos de vuestra voluntad de su casa no os vais.

d) EL ESTADO DE VIRGINIDAD

El estado de virginidad que tenéis no se debe tomar livianamente por cualquier breve devoción que venga, ni por no poder hallar casamiento con hombre; mas, como cosa en que mucho va, ha de haber mucho consejo y experiencia, y aparejo para servir a Cristo, y haberlo encomendado a Dios muchos días, y muy de corazón, porque no se guarde negligentemente el estado que livianamente se tomó.

Mas, cuando es tomado como debe, y por el fin que es razón, debe tener mucha alegría la persona que lo tuviere, porque es estado de incorrupción y estado de fecundidad. Porque, así como la bendita Virgen María, que por su excelente y limpísima virginidad se llama *Virgen de vírgines*, y es amparadora de vírgines, dio fruto y no perdió la flor de su limpieza, así las vírgines, que son de verdad vírgines, tienen fruto en su ánima y entereza en su cuerpo. Porque este celestial esposo, Cristo, no es como los de la tierra que quitan la hermosura e integridad a sus esposas; mas es tan guardador de hermosura y tan amador de limpieza que, como dice santa Inés, «a Él solo guardo mi fe, a Él solo me encomiendo con toda devoción, al cual, cuando amare, soy casta, cuando le tocare, soy limpia, cuando lo recibiere, soy virgen. Ni faltarán hijos de aquestas bodas, en las cuales hay parto sin dolor, y la fecundidad de cada día es acrecentada». Esto dice santa Inés, como quien probaba la suavidad de este celestial desposado. Porque confusión, y no pequeña, es para la doncella que se llama esposa de Cristo, no gustar más de las condiciones y suavidad de su esposo que si fuera un extranjero. ¡Oh cuántos dolores ahorra la virginidad, y cuántos cuidados y desasosiegos! Unos, que por fuerza los trae el mismo estado de matrimonio de carne; otros, que de la mala condición del marido suelen nacer. Más acá, los hijos son *gozo, caridad y paz*, con otros semejables que cuenta San Pablo; el esposo, bueno, pacífico, rico, sabio y hermoso, y, según la esposa dice en los Cantares, *todo para desear*.

¿No os parece, pues, que hace este rey gran merced a quien toma no sólo para esclava, o sirvienta, más para esposa? ¿No os parece buen trueco, parto con dolor por parto con gozo, hijos de cuidado con hijos de descanso, y que ellos traen consigo la paz y la honra? Por cierto, como San Hierónimo dice, hablando a una madre de una doncella: «No sé por qué tienes por mal que tu hija no quiso ser mujer o esposa de caballero por ser esposa del rey, y que te hizo a ti suegra de Cristo». No resta, pues, doncella, sino que así os alegréis con el estado que el Señor por su sola bondad os dio, que tengáis cuidado de ser la que debéis, y así temáis de vuestra flaqueza que confiéis en el Señor que acabará en vos lo que ha comenzado; para que así ni la merced fecha os dé alegría liviana, ni el temor de lo mucho que debéis os derribe. Mas entre temor y esperanza caminéis hasta que el temor se quite con el perfeto amor que en el cielo obra, y la esperanza, cuando tengamos presente, y sin temor de perder, aquello que aquí en ausencia esperamos.

2. *Hermosura del alma*

Mucho nos hemos apartado de la pregunta que preguntamos: ¿De dónde viene hermosura al ánima, para que Dios la codicie? Y ha sido la causa, porque no pensemos que lo había este rey por la hermosura del cuerpo. Agora tornemos a nuestro propósito.

a) EL PECADO AFEA EL ALMA

Habéis de saber que, para ser una cosa del todo hermosa, cuatro cosas se requieren: la una, *cumplimiento* de todo lo que ha de tener; porque, faltando algo, ya no se puede decir hermosa, como faltando una mano, o pie, o cosa semejante; la segunda, es *proporción* de un miembro con otro, y, si es imagen de otra cosa ha de ser sacada muy al proprio de su dechado; lo tercero, ha de tener viveza *de color*; lo cuarto, *suficiente grandeza*, porque lo pequeño, aunque sea bien proporcionado, no se dice del todo hermoso.

Pues, si consideramos todas estas condiciones en el ánima pecadora, hallaremos que ni una sola de ellas tiene. No *cumplimiento*, porque faltándole la fe, o la caridad, o dones de Espíritu Santo, los cuales había de tener, no se puede decir hermosa a quien tantas cosas le faltan. No tiene *proporción* entre sí, porque ni obedece la sensualidad a la razón, ni la razón a Dios, mayormente que, siendo el ánima criada a imagen de Dios, como lo es en su ser natural; pues, siendo Dios bueno y el ánima mala, Dios limpio y ella sucia, Dios manso y ella airada, y ansí en lo demás ¿cómo puede haber hermosura en imagen que tan desconforme está a su dechado? Pues lo tercero, que es una luz espiritual de gracia y conocimiento, que avivan la hermosura del ánima como los *colores* al cuerpo, también le falta, porque ella anda en tinieblas, y queda *denegrida más que carbones*, como lo llora Jeremías. Pues menos tiene lo cuarto, pues no hay cosa más poca ni más *chica* que ser pecadora, que es nada. De manera que, faltándole todas las condiciones para ser hermosa, sin duda será fea. Y porque todas las ánimas de los cuerpos que de Adán vienen son criadas, ordinariamente son pecadoras, síguese que todas son feas.

Y esta fealdad de pecado es tan dificultosa, o por mejor decir, es tan imposible de ser quitada por fuerzas de criaturas que todas juntas no pueden hermosear una sola ánima fea. Lo cual denota el Señor por Jeremías diciendo: Si *te lavares con salitre, y con abundancia de jabón, todavía estás manchada en mi acatamiento*; quiere decir: que para quitar esta mancha, ni aprovecha el salitre de reprehensiones de los profetas, ni recios castigos de la Ley Vieja, ni tampoco la blandura de los halagos y prometimientos que Dios entonces hacía. Manchados estaban los hombres entre los castigos y entre las consolaciones, y entre amenazas y promesas. *Porque por las obras de la Ley Vieja ninguno era justificado delante los ojos de Dios*, como dice San Pablo, y por eso no podía haber *hermosura* para ser *codiciada de Dios*, pues no había justificación, que es causa de la hermosura. Y, si en la ley y sacrificios dados por Dios no podía darse hermosura, claro es que menos la habría en la ley de naturaleza, pues no tenía tantos remedios contra el pecado como la de Escriptura.

b) EL VERBO DE DIOS HERMOSEA NUESTRA FEALDAD

Considerad, pues, qué cosa tan fea, es y cuanto se debe huir la fealdad y mancha del pecado. Pues que, una vez recebida en el ánima, ni pudo lavar con todas las fuerzas humanas ni con tanto derramamiento de sangre que por mandamiento de Dios se ofrecía en su templo. Y si el hermoso Verbo de Dios, dechado de hermosura, no viniera a hermosearnos, para siempre la fealdad, en que por nuestra culpa incurrimos, nos durara. Mas, viniendo el Cordero sin mancha, pudo y supo y quiso lavar nuestras manchas. Y amando a los feos, destruyóles la fealdad y dióles la hermosura.

Y para que veáis cuán razonablemente el Hijo de Dios, más que el Padre y el Espíritu Santo, convenía que hermosease lo feo, considerad que así como los santos doctores atribuyen al Eterno Padre la eternidad, y al Espíritu Santo el amor, así al Hijo de Dios, en cuanto Dios, se le atribuye la hermosura, porque El es perfetísimo, sin defeto alguno, *y es imagen del Padre*, tan al proprio que, por ser engendrado del Padre, es semejable del todo al Padre y tiene la mesma esencia del Padre. De manera que *quien a Él ve, ve al Padre*, como Él mismo dice en el santo Evangelio. Pues *proporción* tan igual del Hijo e imagen con el Padre, cuyo es imagen con razón se le atribuye la hermosura pues tan bien es sacado. Esta luz no le falta, pues que se llama Verbo, que es cosa engendrada del entendimiento y en el entendimiento, y por eso dice San Joan que era *luz verdadera, y confesamos* que es *Dios de Dios, y lumbre de lumbre*. Pues *grandeza* no le falta, teniendo como tiene su inmensidad infinita, y por eso convino que este hermoso, por quien fuimos hechos hermosos, cuando no erramos, viniese a repararnos después de perdidos. Y se vistiese de carne, para en ella tomar las cargas de nuestra fealdad, y dar en nuestras ánimas la lindeza de su hermosa.

Y aunque ni el ser nosotros castigados ni halagados, no nos podía quitar nuestra mancha, fue de tanto valor para nosotros el ser castigado el hermoso que, cayendo sobre sus hombros el recio salitre de su pasión, cayó sobre nosotros el blanco jabón de su blancura. Y aunque Dios dice al pecador: *Aunque tú te laves con salitre e yerba de jabón no serás limpio*, mas, dando a entender que había de enviar remedio para esta mancha, dice en otra parte: *Si fueren vuestros pecados como la grana, serán blanqueados como la nieve. Y si fueren bermejos como sangre con que tiñen carmesí, serán blancos como lana blanca*. Muy bien creía esto David cuando decía: *Rociarme has con hisopo, Señor, y seré limpio, lavarme has y seré emblanquecido más que la nieve*. Hisopo es una yerba pequeña y un poco caliente, y tiene propiedad para purgar los pulmones por do resollamos. Y esta yerba juntábanla con un palo de cedro como vara, y atábanlos con una cuerda de grana dos veces teñida, y a todo junto decían hisopo, con el cual, mojado con sangre y agua, y otras veces con agua y ceniza, rociaban al leproso y al que había tocado cosa muerta, y con aquello era tenido por limpio. Muy bien sabía David que la yerba ni el cedro, ni la sangre de pájaros y animales, ni el agua ni ceniza, no podían dar limpieza en el ánima, aunque lo figuraban. Y por eso no pide a Dios que tome en su mano este hisopo y le rocíe con él, mas dícelo por la humanidad y humildad de Jesucristo nuestro Señor, la cual se dice yerba, porque nacía de la tierra de la bendita Virgen María, y porque nació sin obra de varón, como la flor nace en el campo sin ser arada ni sembrada. Y por eso dice: *Yo soy flor del campo*. Esta yerba se dice *pequeña*, por la bajeza que en este mundo tomó hasta decir: *Gusano soy y no hombre, deshonra de hombres y desprecio del pueblo*. Esta carne humillada es remedio contra el viento de nuestra soberbia, porque no hay soberbia tan loca que no sea curada con tanta humildad. Si el hombre mira, verá que no es razón que se ensalce el gusano, viendo abatido el rey de la majestad, y se olvida que el hisopo es caliente, porque Cristo, por el fuego de amor que en sus entrañas ardía, se quiso abajar para nos purgar, dándonos a entender que, si el que es alto se abaja, cuanta razón es el que tiene tanto para se abajar no se ensalce. Y si Dios es humilde, que el hombre lo debe ser. Esta carne medicinal fue juntada al palo del cedro, fue puesta en la cruz, y atada con delgada hebra de grana dos veces teñida, porque aunque duros y gruesos, y largos clavos le tenían fijados con ellas los pies y las manos, mas, si su abrasado hilo de amor no lo atara a la cruz, queriendo Él entregar su vida para matar nuestra muerte, poca parte fueran los clavos para lo tener. De manera que no ellos, más el amor le tenía. Y este amor es doblado, como grana dos veces teñida, porque, por satisfacer a la honra del Padre, que por los pecados era ofendida, y por amor de los pecadores, padeció Él.

c) LA SANGRE DE JESUCRISTO

La ropa que el sumo pontífice se vestía en la ley había de ser grana teñida dos veces, porque la santa humanidad de Cristo, que es su vestidura, se había de teñir en sangre por amor de Dios y del prójimo. Esta carne, puesta en la cruz, es el velo que Dios mandó hacer a Moisés de *hiacinto y carmesí, y grana dos veces teñida*, y de blanca y retejida holanda, hecho con labores de aguja, y tejido con hermosas diferencias, porque esta santa humanidad es teñida con sangre como el carmesí; es abrasada con fuego significado en la grana según hemos dicho; es blanca como la holanda con castidad en inocencia, y es retejida, porque no fue muelle ni relajada, mas apretada debajo de toda disciplina virtuosa y de muchos trabajos, y es también significada e el *hiacinto*, que tiene color de cielo, porque es formada por obra sobrenatural del Espíritu Santo, y por eso se llama celestial, con otras mil lindezas y virtudes que tiene formadas por el saber muy sutil de la sabiduría de Dios. Y este velo manda que se cuelgue delante cuatro columnas que lo sustenten, que quiere decir que en cuatro brazos de cruz fue puesto

Cristo, y cuatro evangelios ponen y predican manifiesto delante del mundo.

Pues, como el real profeta David fuese tan alumbrado profeta en saber los misterios de Cristo que habían de venir, viéndose afeado con aquel feo pecado, cuando tomó la ovejita y mató al pastor, temiendo la ira del Omnipotente, con la cual estaba amenazado por boca del profeta Natán, suplica a Dios que le hermosee su fealdad, no con hisopo material, pues que el mismo David dice a Dios: *No te deleitarás con sacrificio de animales*, mas pide ser rociado con la sangre y carne de Jesucristo, atado con cuerdas y lazos de amor en la cruz, confesando que, aunque su fealdad sea mucha, *será emblanquecida más que la nieve* con la sangre que de la cruz cae. ¡Oh sangre hermosa de Cristo hermoso, que, aunque eres colorada más que rubíes, tienes poder para emblanquecer más que la leche! ¿Y quién viera con cuánta violencia eras derramada por los sayones y con qué amor eras derramada del mismo Señor? ¡Cuán de buena gana, extiendes, Señor, tus brazos y pies, para ser sangrado de brazo y tobillo, para remediar nuestra soltura tan mala que en deseos y obrar tenemos! ¡Gran fuerza ponen contra ti tus contrarios, mas muy mayor fuerza te hizo tu amor, pues que te venció! *Hermoso* llama David a Cristo *sobre todos los hijos de los hombres*. Mas este hermoso sobre hombres y ángeles quiso disimular su hermosura y vestirse en su cuerpo, y en lo de fuera, de la semejanza de nuestra fealdad, que en nuestras ánimas tenemos, para que así fuese nuestra fealdad absorbida en el abismo de su hermosura, como lo es una pequeña pajita en un grandioso fuego, y nos diese su imagen hermosa, haciéndonos semejantes a Él.

d) POR HERMOSEARNOS, EL HIJO DE DIOS ESCONDE SU HERMOSURA A LOS OJOS DEL CUERPO

Y si bien miramos las condiciones ya dichas que se requieren para ser uno hermoso, todas las cuales están excelentemente en el Verbo divino, hallaremos que todas las disimuló y escondió, para que, siendo escondidas en él, se manifestasen en nosotros. ¡Cuán entero, *acabado* y lleno es el Verbo de Dios, pues ninguna cosa le falta ni puede faltar, y quita él la falta a todas las cosas! Mas a este tan rico en el seno del Padre, miradle hecho hombre en el vientre y brazos de su Madre. Id por todo el discurso de su vida y muerte, y veréis cuántas veces le faltó el comer y el beber en toda su vida: cuán falto de cama para se echar, cuando le puso la Virgen *en el pesebre*, porque ni cama ni lugar tenía en el portal de Belén; cuántas veces le faltó con qué remediar su frío y su calor, y no tenía sino lo que le daban. Y si en la vida *no tenía a dónde reclinar su cabeza*, como él lo dice, ¿qué diréis de la extrema pobreza que en su muerte tuvo? En la cual menos tenía donde reclinar su cabeza, porque o la había de reclinar en la cruz, y padecer extremo dolor por las espinas que más se le hincaban en ella, o la había de tener abajada en vago, no sin grave dolor. ¡Oh sagrada cabeza, de la cual dice la esposa *que es oro finísimo*, por ser cabeza de Dios, y cuán a tu costa pagas lo que nosotros contra tu amor nos declinamos en las criaturas, amándolas y queriendo ser amados y alabados de ellas, haciendo cama de reposo en lo que habíamos de pasar de camino hasta descansar en ti! Y dinos, ¿para qué pasas tanta falta y pobreza? Oyamos a San Pablo que dice: *Bien sabéis, hermanos, la gracia que nos hizo nuestro Señor Jesucristo, que, siendo Él rico, se hizo pobre por nos, para que, con la pobreza, fuésemos nosotros ricos.*

Veis aquí, pues, disimulada muy por entero la primera condición de hermosura, que es ser cumplido, pues le falta tanto en el suelo al que en el cielo es la misma abundancia. Pues, si miráis a la otra condición del hermoso Verbo de Dios, como es perfetísima imagen del Padre, igual a Él y proporcionado con Él, hallaréis que no menos que la primera la disimula en la tierra. Decidme, ¿qué es el Padre sino fortaleza, saber, honra, hermosura, bondad, gozo, con otros semejantes bienes? Pues poned de una parte este admirable dechado, glorioso en sí y adorado de ángeles, y acordaos de aquel paso que había de pasar y traspasar a lo más dentro de nuestras ánimas, de cuando la hermosa imagen del Padre, Jesucristo nuestro Señor, fue sacado de la audiencia de Pilato, cruelmente azotado y vestido con una ropa colorada, y con corona de escarnio en los ojos de los que lo vían, y de agudo dolor en el celebro de quien la tenía. Las manos atadas, y una caña en ellas; los ojos llenos de lágrimas, que de ellos salían, y de sangre, que de la cabeza venía; las mejillas amarillas y descoloridas, llenas de sangre y afeadas con salivas. Y con este dolor y deshonra fue sacado a ser visto de todo el pueblo diciendo: *Mirad el hombre*. Y esto para que a Él le creciese la vergüenza de ser visto de ellos, y ellos hobiesen compasión de Él, viéndole tal, y dejasen de perseguir a quien tanto vían padecer. Mas, ¡oh cuán malos ojos miraron las penas de quien más se penaba por la dureza de ellos que por sus proprios dolores!, que, en lugar de apagar el fuego de su rabiosa malquerencia con el agua de sus deshonras, ardíoles más y más como fuego de alquitrán que arde en el agua, y no escucharon la palabra a ellos dicha por Pilatos: *Mirad el hombre*, mas no queriendo verle allí, dicen que lo quieren ver en la cruz.

e) «ECCE HOMO»

Ánima redimida por los dolores de Cristo, escuchad vos y escuchemos todos esta palabra: *Veis ahí el hombre; Mirad el hombre*, porque no seamos ajenos de la redención de Jesucristo, no sabiendo mirar y agradecer sus dolores.

Cuando quieren sacar alguna cosa para ser vista, suelen ataviársela lo mejor que pueden, para que enamore a los que la vieren. Y cuando quieren sacar otra para que sea temida, cércanla de armas y de cuantas cosas pueden, para que haga temblar a los que la vieren. Y cuando quieren sacar una imagen, para hacer llorar, vístenla de luto y pónenle todo lo que incita a tristeza. Pues, decidme, ¿qué fue el intento de Pilato en sacar a Cristo a ser visto del pueblo? No, por cierto, para ser amado ni temido, y por eso no lo hermoseó y cercó de armas y caballeros, mas sacólo para aplacar los corazones crueles con la vista del Redemptor, y esto no por amor, que bien sabía que entrañablemente le aborrecían, mas a poder de sus grandes tormentos, y a propria costa de su delicado cuerpo. Y por eso atavió Pilato tan ataviado a Cristo de tormentos tales y tantos que pudiesen obrar compasión en los corazones de los que lo viesen, aunque muy mal lo quisiesen. Y, por tanto, es de creer que lo sacó él más afligido y abatido y deshonrado que él pudo, reveyéndose en afearlo, como se revén en una novia para ataviarla, para que por esta vía aplacase la ira de los que le desamaban, pues no podía por otras que había intentado.

Pues decidme, si salió Cristo tal que bastaba a apagar el fuego de la malquerencia en los corazones de los que le aborrecían, ¿cuánta razón es que su vista y salida encienda fuego en los corazones de quien lo conoce por Dios y le confiesa por Redemptor? Mucho tiempo antes que esto acaeciese vio el profeta Esaías este paso y, contemplando al Señor, dijo: *No tiene lindeza ni hermosura. Mirámosle y no tenía vista; y deseámosle despreciado y el más abatido de los hombres, varón de dolores y que sabe de penas. Su gesto fue como escondido y despreciado, y, por tanto, no le estimamos. Verdaderamente Él llevó nuestras enfermedades, y Él mismo sufrió nuestros dolores; y nosotros estimámosle, como a leproso y herido de Dios y abajado.*

Si estas palabras de Esaías quisiéredes mirar una por una, veréis cuán *escondida* estaba la hermosura de Cristo en el día que trabajó para hermosearnos. Dice la esposa en los Cantares, hablando con Cristo: *Hermoso eres y lindo, amado mío* y aquí dice Esaías que *no tiene lindeza ni hermosura*; y aquel en cuya cara se revén los ángeles, *y la desean mirar*, aquí dice que no tiene vista. Y en aquel que, *cuando entró en este mundo*, fue por mandado del Padre *adorado de todos los ángeles*, agora que sale del mundo, despreciado de muy viles hombres. Dice David de Cristo que *es ensalzado sobre todas las obras de las manos de Dios*. Y dice Esaías que está *el más abatido de todos los hombres*. Y si esto fuera, comparándolo con los que eran buenos, no fuera tanto el desprecio. Mas, ¿qué diréis, que, siendo cotejado con Barrabás, matador y alborotador y ladrón, les parece mejor que Cristo, que es dador de la vida, hacedor de las paces del Padre y del mundo; y está tan lejos de tomar lo ajeno, que, como David, pagó *lo que no tomó*. Cristo no tenía por qué tener dolor, pues la causa de él es el pecado, que en Él nunca cupo; mas llámale aquí Esaías *varón de dolores*. Y aunque nunca supo por experiencia de malos deleites, es varón que sabe de penas, porque las experimenta, y en tanta abundancia que diga Él por boca de David: *Muy llena de penas está la mía ánima*.

Cristo se llama luz, porque con sus admirables palabras y obras alegraba y sacaba de tinieblas al mundo; mas esta luz dice Esaías que *tiene su gesto como escondido*, porque, si solamente es mirado con ojos del cuerpo, no se vio quien le pudiera conocer por el rostro, por mucho que antes le hobiera tratado, lo cual no es mucho de maravillar, porque, aunque la Virgen para siempre bendita y en aquel día lastimada, lo parió y *envolvió*, y se remiraba en su cara como en espejo luciente, mas con todo esto creo que, si allí estaba presente en este paso de tanto dolor, miraba y remiraba, con cuanta atención las lágrimas de los ojos y el dolor del corazón le daban lugar, si era aquél su bendito hijo, que tan de otro color y manera estaba, que antes le había conocido. Y si los que miraban creyeran que todo esto pasaba el Señor, no porque lo debiese, mas porque amaba a los que lo debíamos, ser alivio a la peni de Cristo. Mas, ¿qué diremos, que dice Esaías que le tuvieron por *herido de Dios y abatido*?, porque pensaban que Dios lo abatía así por sus pecados, y que merecía aquello y mucho más, y que por eso pidieron que fuese puesto en la cruz. De manera que en lo de fuera quitaban sus ojos de mirarle, porque habían asco como de un leproso, y en el corazón lo tenían por malo y digno de aquello y mucho más. Cosa era para mirar y llorar, que, si lo miraban escupían hacia Él, y, si no le miraban, hacían grandes ascos, como de cosa muy fea. Lo que de Él hablaban eran injurias que tanto lastimaban como los dolores, y con todo decían que aún no tenía lo que merecía, mas que lo pusiesen en cruz.

¿Quién no se maravillará y dará mil alabanzas a Dios por su saber infinito, que por modo tan extraño quiso remediar el mundo perdido, sacando los mayores bienes de los mayores males que los hombres hicieron? ¿Qué cosa peor en el mundo se ha hecho ni se hará que deshonrar y afear, y atormentar y crucificar al Hijo de Dios? ¿Mas de cuál otra cosa tanto provecho vino al mundo como de esta bendita pasión? Pensaba Pilato, cuando ataviada a este desposado con atavíos de muchos dolores, que para los ojos de aquel pueblo no más le ataviaba. Y atavíalo para ser visto de los ojos del mundo universo, sirviendo en esto, aunque él no lo sabía, a lo que Dios tanto antes había prometido, diciendo: *Verá todo hombre la salud de Dios*. Esta salud Jesucristo es, al cual dijo el Padre: *en poco tengo que despiertes a servirme los tribus de Jacob, y que me conviertas las heces de Israel, yo te di en luz de las gentes, para que seas salud mía hasta lo postrero de la tierra*.

Jesucristo predicó en persona *a las ovejas que* habían perecido de la casa de Israel no más, y después, sus santos apóstoles, en el mismo pueblo de Israel, comenzaron a predicar y conviertéronse no todos los judíos, mas algunos. Y por eso dice las *heces*. Mas no paró *la salud del Padre*, que es Cristo, en el pueblo de los judíos, mas salió cuando fue predicado por los apóstoles en el mundo, y agora lo es, acrecentándose cada día la predicación del nombre de Cristo a tierras más lejos, para que así sea luz no sólo de los judíos, que creyeron en Él, y a los cuales fue enviado, mas también a los gentiles, que estaban en ceguedad de idolatría lejos de Dios. Y esto es lo que aquel santo cisne Simeón cantó, ya que se quería morir, diciendo: *Agora dejas, Señor, a tu siervo en paz, según tu promesa; porque vieron mis ojos a mi salud, la cual pusiste ante el acatamiento de todos los pueblos, lumbre para los gentiles y honra para tu pueblo Israel*. Si miramos que Cristo fue puesto por mano de Pilato a ser visto de aquel pueblo en su propia casa, y después en el alto de la cruz en el monte Calvario, claro es que, aunque de todo estado y linaje, y naturales y extranjeros, que habían venido a la Pascua había gran copia de gente, mas no fue Cristo puesto *en el acatamiento de todos los pueblos*, como dice Simeón. Y, por tanto, es Cristo, *puesto en el acatamiento y vista de todos los pueblos*, cuando es predicado en el mundo por los apóstoles y sus sucesores, de los cuales dice David; *que en toda la tierra salió su sonido y hasta los fines de la tierra sus palabras*. Y Cristo predicado es *luz* entonces y agora *para los judíos* que le quisieren creer; porque grande honra es para ellos venir de ellos, y principalmente a ellos, el que es Salvador de todo el mundo y verdadero Dios y hombre.

Pues miremos cuán de otra manera lo ordenó Dios de como lo pensaba Pilato. Él pensaba que ponía a Cristo en acatamiento de aquella gente no más, y dijo: *Veis ahí el hombre*, y pensó que, cuando no quisieron que fuese suelto, mas pidieron que lo crucificase, ya no había Cristo de ser más visto de nadie. Mas, porque vio el Padre eterno que tal espectáculo como aquel de su unigénito Hijo, e *imagen de su hermosura*, no era razón que tan pocos ojos lo mirasen, ni que a corazones tan duros se presentase, ordenó que se diese otra voz muy mayor que sonase en el mundo, y por boca de muchos y muy santos pregoneros, que dijesen: *Mirad este hombre*, porque la voz de Pilato sonaba poco, y era uno y malo, y lleno de temor, por lo cual crucificó a Cristo y no merecía ser el pregonero de esta palabra: *Mirad a este hombre*, y por eso lo manda Dios pregonar a otros, y tan sin temor, que antes quisieron y quieren morir que ni un solo punto dejen de predicar y confesar la verdad que es Cristo. Pilato era sucio, porque era infiel y pecador, mas los pregoneros de esta voz: *Mirad a este hombre*, profetizó Isaías diciendo: *Cuán hermosos son los pies, sobre los montes, de los que predican nuevas buenas de paz y de bienes, y que dicen: Sión, reinará tu Dios*.

El Dios de Sión es Jesucristo, en cuya persona dice David: *Yo soy constituido rey, de mano de Dios, sobre Sión, monte santo suyo, predicando su mandamiento*. Y este *rey que predica el mandamiento del Padre*, que es la palabra del santo Evangelio, comenzó a reinar en Sión, cuando fue recebido el domingo de Ramos por rey de Israel en el templo que estaba puesto en el monte de Sión. Y, para dar a entender que este reino había de ser en las cosas espirituales, se dice en David *ser constituido rey sobre el monte de Sión*, que es monte donde estaba el templo, en que a Dios se ofrecía su divino culto. Y después, cuando este Señor envió en el mismo monte Sión el Espíritu Santo sobre los creyentes, y fue predicado públicamente en medio de Jerusalén, y en las orejas de los pontífices y fariseos, entonces se acrecentaba su reino; y, cuando se convirtieron del primer sermón de san Pedro *casi tres mil hombres*, crecía este reino; y, cuando más gente se convertía, predicaban los apóstoles a Sión: *Reinará tu Dios*. Como quien dice: Aunque agora es conocido de pocos, mas siempre irá creciendo su reino, hasta que, al fin del mundo, reine en todos los hombres, galardonando con misericordia a los buenos, castigando *con vara de hierro* de rigurosa justicia a los malos. Ésta es la voz de los predicadores de Cristo, que dice: *Reinará tu Dios*. Y porque en el corazón del hombre sucio no reinará Cristo, pues reina el pecado, no es razón que predique a los otros el reino de Cristo el que en su ánima no consiente reinar a Cristo. Y por eso dice Esaías que *son hermosos los pies de los que predican la paz*. Porque *en los pies* son significados los deseos del ánima, que han de ser *hermosos*. Y por eso no quiere Cristo que se cubran con zapatos los pies de los predicadores por la parte de arriba, porque lo hermoso de ellos lo pone Dios en público para ejemplo de muchos. Mas mire mucho quien tiene limpios los pies, no piense que Él se los alimpió, mas dé gracias a aquel que lavó el jueves santo los pies a los discípulos con agua material, y lava las ánimas de todos los lavados con su sangre bendita. No era pues razón que tan limpio rey como Cristo fuese anunciado con boca tan sucia como la de Pilato, ni que para espectáculo de tantas maravillas había que mirar cómo sea a Cristo, cuando salió a ser visto del pueblo, y hobiese un pregonero no más, y que tan poco sonase. Y si Pilato pensó que ya no había de haber memoria de Cristo, ni quien de Él hobiese compasión, ordenó Dios que, en lugar de los pocos que le escupían, hobiese, y haya, y habrá, muchos que con reverencia le adoren y, en lugar de los que no querían mirarle de asco, haya muchos más que se revean en mirar aquella bendita cara como en espejo muy luciente, y, en lugar de los que pensaban que lo que padecía lo merecía, haya tantos que confiesen que ningún mal hizo por que padeciese, sino que ellos pecaron y Él padeció por amarlos. Y si la crueldad de ellos fue tanta que no hubieron de Él compasión, mas pidieron que fuese muerto en la cruz, quiere Dios que haya muchos que deseen morir por Cristo y digan con toda su ánima: *Heridas tenéis amigo y duelen vos, ¡yo las tuviese por vos!* No piense Pilato que atavió a Cristo en balde, aunque no pudo mover a compasión a los que allí estaban, pues que tantos, acordándose de estos trabajos de Cristo, han compasión tanta de Él que están azotados y coronados y crucificados en el corazón *con Él*.

Y pues esto ha sido así, y es y será en tantas personas, trabajad, doncella, en ser vos una de ellas, para que no seáis vos de los duros que aquella voz oyeron en balde, mas de los que el oírla fue causa de su salvación. No seáis de aquellos que no supieron estimar al que presente tenían; mas de los que dice Esaías: *Deseamos verle, porque muchos reyes y profetas desearon ver la cara y oír la voz de Cristo nuestro Señor.* Oíd doncella esta voz y mirad *a este hombre,* que por un indigno pregonero de Cristo os es pregonado. *Mirad a este hombre,* para oír sus palabras. Este es el maestro que el Padre nos dio. *Mirad a este hombre,* para imitar su vida, porque no hay otro camino para ser salvos, si él no. *Mirad a este hombre,* para haber compasión de él, pues estaba tal que bastaba mover a compasión a los que mal lo querían. *Mirad a este hombre,* para llorar, porque nosotros le paramos tal cual está por nuestros pecados. *Mirad a este hombre,* para le amar, pues padece tanto por vos. *Mirad a este hombre,* para os hermosear, porque en él hallaréis cuantas colores quisierdes, con que os hermoseéis; bermejo de las bofetadas que recientes le han dado, y colorado de las que rato ha, y en la noche pasada, le dieron; amarillo, con la abstinencia de toda la vida y trabajos de la noche pasada; blanco, de las salivas que en la cara le echaron; denegrido, de los golpes que le habían magullado su sagrada cara; las mejillas hinchadas, y de cuantos colores las quisieron pintar los sayones, porque, según estaba profetizado por Esaías en persona de Cristo: *Mis mejillas di a los que las arrancaban, y mi cuerpo a quien lo hería.* ¡Qué matices, qué aguas, qué blanco, qué colorado hallaréis aquí para os hermosear! *Mirad,* pues, doncella a *este hombre,* porque no puede escapar de muerte quien no lo mirare, porque *así como alzó en un palo Moisés la serpiente en el desierto,* para que los heridos mirándola viviesen, y quien no la mirase muriese, así quien a Cristo puesto en el madero de la cruz no mirare, morirá para siempre, y así como arriba os dije que hemos de suplicar al Padre, diciendo: *Mira señor en la haz de tu Cristo,* así nos manda el Eterno Padre diciendo: Mira, hombre, la haz de tu Cristo, y si quieres que mire yo a su cara para te perdonar él, mira tú a su cara, para me pedir perdón por él. En la cara de Cristo nuestro mediador se junta la vista del Padre y la nuestra. Allí van a parar los rayos de nuestro creer y amar, y los rayos de su perdonar y hacer mercedes.

Cristo se llama *Cristo del Padre,* porque el Padre lo engendró y le dio lo que tiene, y llámase Cristo nuestro, porque se ofreció por nos, dándonos todos sus merecimientos. *Mirad,* pues, *en la haz de vuestro Cristo,* creyendo en Él, confiando en Él, amando a Él y a todos por

Él. *Mirad en la faz, de vuestro Cristo*, pensando en ti y cotejando vuestra vida con Él, para que en Él, como en espejo, veáis vuestras faltas y cuán lejos vais de Él, para que, conociéndoos por fea, toméis de sus lágrimas y de su sangre, que por su cara hermosa veréis correr, y alimpiéis vuestras manchas. Mirad vuestro Cristo, y conoceréis quién sois vos, porque tal cual está Él de fuera, tal érades vos de dentro, que por eso se vistió de nuestra fea semejanza, para destruirla y darnos su imagen hermosa. Y así como los judíos quitaban sus ojos de Cristo, porque le veían tan mal tratado, así Cristo quita sus ojos de la ánima mala y la abomina como a leprosa, mas, después que la ha hermoseado con sus trabajos, pone sus ojos en ella, diciendo: *¡Cuán hermosa eres, amiga mía, cuán hermosa eres! Tus ojos son de paloma, sin lo que está escondido de dentro.* Dos veces dice *hermosa*, porque ha de ser en cuerpo y en ánima. De dentro en deseos y de fuera en obras. Y porque ha de ser más lo de dentro que lo de fuera, por eso dice: *sin lo que de dentro está escondido*. Y porque la hermosura del ánima, como dice San Augustín, consiste en amar a Dios, por eso dice: *Tus ojos son de paloma*. En lo cual se denota la intención sencilla y amorosa que a solo agradar a Dios mira, sin mezcla de interese proprio. Mirad, pues, a Cristo, porque os mire Cristo. Vos veréis a vos en Él, y Él verá a sí en vos, porque ni era propria de Él la imagen que tenía de tanta afeción, ni es propria del ánima la imagen hermosa que tiene, y así como no habíades de pensar que Él había hecho alguna cosa por la cual mereciese tomar sobre sí imagen de feo, así no penséis que habéis vos merecido la hermosura que ti os ha dado de gracia, que no de deuda se vistió de nuestra fealdad, y de gracia y sin deuda nos vistió de su hermosura, y a los que piensan que la hermosura que tiene en su ánima la tienen de sí, dice Dios por Ezequiel: *Perfeta eras con hermosura que había puesto sobre ti, y teniendo fiucia en tu hermosura, fornicaste en tu nombre, y pusiste tu fornicación a cualquiera que pasaba, para ser hecha suya.* Esto dice Dios. Porque, cuando una ánima atribuye a sí misma la hermosura que Dios le dio, es como fornicar consigo misma, pues quiere gozar de sí misma en sí, y no de Dios, que es su verdadero marido, del cual le viene el ser hermosa, y quiere más gloriarse en su nombre, que es *fornicar en su nombre*, que gloriarse en Dios, que le dio lo que tiene, y por eso quítale Dios su hermosura, pues se le quería alzar con ella. Y como ese vano y mal aplacimiento en sí mismo es soberbia y principio de todo mal, por eso dice: *Pusiste tu fornicación a todo cualquier que pasaba*, porque el soberbio, como tiene por arrimo a sí mismo, que es vanidad, a cualquier viento es llevado, y es hecho captivo de cualquier pecado que pasa, y con mucha razón, pues no quiso abajarse para permanecer en ser guardado de Dios. *Mirad*, pues, *este hombre en* sí, y miraldo en vos. En sí, para ver quien sois vos; en vos, para ver quién es él. Sus deshonras y abatimientos vos los merecíades, y por eso aquello es vuestro. Lo bueno que en vos hay suyo es, y, sin merecerlo vos, se os ha dado.

f) CRISTO HERMOSO A LOS OJOS DE LA FE

Sabed, pues, mirar a este hombre con ojos de fe y de amor, y aprovecharos ha más que si lo viérades con ojos de cuerpo. A los ojos de cuerpo parecía Cristo afeado; mas a los de la fe muy hermoso. A los del cuerpo dice Esaías *que estaba su gesto como escondido*; mas a los de la fe, no hay cosa que se le esconda. Mas con ojos de lobo cerval, que ven tras paredes, así traspasan lo que parecen de fuera, y debajo de aquella flaqueza humana hallan fortaleza divina, y debajo de la fealdad y desprecio, hermosura con honra. Y por eso lo que dijo Isaías: *Vímosle, y no tenía hermosura*, díjolo en persona de los que lo miraron con ojos del cuerpo no más.

Mas, tomad, doncella, la luz de la fe, y mirá más adentro, y veréis cómo este que sale en semejanza de pecador es justo y justificador de pecadores, éste, que es muerto, es inocente como cordero; éste, que tiene la cara muy amarilla, es en sí muy hermoso, y por hermosear a los feos se para tal. Y, pues, mientras el esposo más pasa por la esposa y más se abaja, más lo debe ella ensalzar; y mientras más sudando viene, y con heridas y sangre, por amor de ella, más hermoso le parece, mirando el amor con que se puso al trabajo, claro es que, mirando la causa de tomar Cristo esta fealdad, parecerá más hermoso mientras más afeado. Decidme si *la primer* condición de hermosura escondió, cuando de rico y abundante se abajó a que le faltasen muchas cosas, ¿qué fue la causa, si no porque a nos ningún bien faltase? Y si fue hecho al parecer *desemejable* a la imagen del Padre hermoso, no fue sino porque ordenó el Padre de no darnos hermosura, sino tomando su Hijo nuestra fealdad. Y si escondió *lo tercero*, que es la luz o color, cuando aquella sagrada cara estaba amortiguada y escurecida, y aquellos ojos lucientes se escurecían, ya que quería morir y después de muerto, ¿por qué fue esto, sino por dar luz y color vivo a nuestras escuridades?, según él mismo lo figuró, cuando de su saliva, que significa a él en cuanto Dios, y de la tierra, que significa la humanidad, hizo lodo, que significa su abatida pasión, y con aquella bajeza recibió vista el ciego, que significa el género humano. Y si lo *cuarto*, que es el ser grande, escondió cuando se hizo hombre y el más abatido de todos los hombres, ¿por qué fue sino para conformarse con los chicos y pegarles su grandeza?, según fue figurado en el grande Eliseo, que, para resucitar el mochacho chico, se encogió y midió con él, y así le dio vida. Pues si San Augustín dice que, amando a Dios somos hechos hermosos, claro es que en la obra de mayor amor más somos hermosos. Pues, ¿en qué cosa tanto demostró el grande amor que Jesucristo tenía al Padre, como padecer por su honra como él dijo *porque conozca el mundo que amó al Padre, levantaos, y vamos de aquí*? Mas, ¿adónde iba? Claro es que a padecer. Y mientras una es mejor obra tanto es más hermosa, porque lo bueno es hermoso y lo malo feo. Claro está que cuanto Cristo más padecía mejor obra era; y por tanto, mientras más abajado y afeado, más hermoso es a los ojos de quien conoce que quien lo pasó no lo debía, más pasólo por honra del Padre y provecho de nosotros.

Estos son los ojos con que habéis *de mirar a este hombre*, para que siempre os parezca hermoso, como lo es, y para que sepa Pilato allá en el infierno, donde está, que pone Dios unos ojos al mundo, con los cuales, mirando a Cristo, tanto más hermoso parezca cuanto él más afeado lo quiso. Agora oíd cómo todo esto dice San Augustín: «Amemos a Cristo, y si algo feo en él halláremos, no le amemos, aunque él halló en nosotros muchas fealdades, y nos amó. Y si halláremos en él algo feo no le amemos, porque el estar vestido de carne, por lo cual se dice de él: *Vímosle, y no tenía hermosura*, si considérares la misericordia con que se hizo hombre, allí también te parecerá hermoso, porque aquello que dijo Isaías: *Vímosle, y no tenía hermosura*, en persona de los judíos lo decía. Mas ¿por qué le vieron sin hermosura? Porque no le miraban con entendimiento; mas a los que entienden *al Verbo hecho hombre*, gran hermosura les parece. Y así dijo uno de los amigos del desposado: *No me glorie yo en otra cosa sino en la cruz de Jesucristo, nuestro Señor*. ¿Poco os parece, San Pablo, no haber vergüenza de las deshonras de Cristo, si no que aun os honráis de ellas, porque no tuvo Cristo crucificado hermosura, porque Cristo crucificado es escándalo *para los judíos, y parece necedad a los infieles gentiles*? Mas ¿por qué Cristo tuvo en la cruz hermosura? *Porque, lo de Dios, que parece necedad, es más lleno de* saber que lo sabio de todos los hombres. *Y lo de Dios, que parece flaco, es más fuerte que lo más fuerte de todos los hombres.* Y pues así es, parézcaos Cristo esposo hermoso. Siendo Dios es hermoso, Palabra acerca del Padre. Hermoso también en el vientre de la Madre, adonde no perdió la divinidad y tomó la humanidad. Hermoso el Verbo nacido infante, porque aunque él era infante que no hablaba, cuando mamaba, cuando era traído en los brazos, los cielos hablaron, los ángeles cantaron alabanzas, la estrella trujo a los Reyes magos, fue adorado en el pesebre, como manjar de animales mansos. Hermoso, pues, es en el cielo, hermoso en la tierra, hermoso en el vientre de la Madre, y hermoso en los brazos de ella, hermoso en los milagros, hermoso en los azotes, hermoso convidando a la vida, hermoso no teniendo en nada la muerte, hermoso dejando su ánima cuando expiró, hermoso tornándola a tomar cuando resucitó, hermoso en la cruz, hermoso en el sepulcro, hermoso en el cielo, hermoso en el entendimiento, la suma y verdadera hermosura, la justicia es. Allí no le verás hermoso, adonde le hallares no justo. Y pues en todas partes es justo, en todas partes es hermoso». Esto todo dice San Augustín.

Y cierto, si con esos ojos miráredes a Cristo, no os parecerá feo, como a los carnales, que en su pasión le despreciaban; mas con los santos apóstoles que en el monte Tabor le miraron, pareceros *ha su cara resplandeciente como el sol, y sus vestiduras blancas como la nieve,* y tan blancas, que, como dice San Marcos, *ningún batanero sobre la tierra los pudiera emblanquecer, tan bien,* lo cual significa que nosotros, que somos dichos *vestidura de Cristo,* porque le rodeamos y ataviamos con creerle y alabarle, y amarle, somos tan blanqueados por Él, que ningún hombre sobre la tierra nos pudiera dar la hermosura que Él nos dio. Parezcaos Él *como el sol,* y las almas por Él redimidas *blancas como la nieve.* Aquéllas, digo, que confesando y conociendo y aborreciendo su propria fealdad, piden ser hermoseadas y lavadas en esta piscina de sangre del Salvador, de la cual salen tan hermoseadas por Él que basten para enamorar a Dios, y que le sean cantadas con gran verdad las palabras ya dichas: *Deseará el Rey tu hermosura.*

Impreso en la florentísima Universidad de Alcalá de Henares, en casa de Juan de Brocar, que santa gloria haya, año 1556.

Copyright © 2019 / Alicia Éditions
Fotografia : CANVA
Todos los Derechos Reservados

www.ingramcontent.com/pod-product-compliance
Lightning Source LLC
LaVergne TN
LVHW092010090526
838202LV00002B/87